JN279187

道南地域の
青年学校と技術教育

井上平治 編著

学文社

執 筆 者

飯 川 大 徹　　第1章
林　　博 昭　　第2章
＊井 上 平 治　　第3章・第6章
安 藤　　徹　　第4章・第5章・附録

＊印：編著者

まえがき

　道南地域における，全町村に存在した青年学校の調査を開始して以来7年になる。今年3月本学の紀要に最終の第6報を投稿して当初の計画は終了した。
　この調査研究の契機は，研究科の輪読の対象に，日本の技術教育史を内容面に照射しながら経過を追求していった，清原道寿著『昭和技術教育史』（農山漁村文化協会，1998年）及び職業教育に関連する法令を時系列的に掲げ解説を加えた佐々木享編『日本の教育課題第8巻　普通教育と職業教育』（東京法令出版，1996年）に出逢ったことにある。青年学校の「職業科」の実践内容を確認したかったことと，当時学んだ方々がその学習内容にどのような思いを抱いているかを明らかにすることが，技術教育に関わっている者の責務ではないかとの思いがあった。
　太平洋戦争が激烈化する中で兵役前の兵員予備教育機関化した青年学校が，終戦を迎えてGHQの調査を逃れるべく，政府の指示により，戦争支持及び協力的内容を含む資料の廃棄消却処分を全国的に行った。学校教育局管掌の当時の中学校や実業学校はもちろんであったが，社会教育局管掌の青年学校は終戦前までの教育内容に関連して，廃棄消却処分には徹底を図ったものであろう。
　この中等教育に相当する機関の歴史は消されたが，親の生業を継承するために，あるいは経済的に上級学校への進学を断念せざるを得なかった多くの青年達が，この教育機関に学んだ事実は消し去ることはできない。
　以上のように調査対象状況をある程度把握して，調査研究の困難さを予想できた。しかし外部との接触，聞き取り対象者の決定，当日の聞き取り等の手続き，特に院生諸君にとっては，自分達の祖父の世代に該当する，先の戦争の真っ只中にいた方達との接触は貴重な経験である。このことは，幸い院生諸君も理解し調査研究に着手することができた。
　青年学校の起源は，1886（明治19）年の小学校の温習科であり，1890（明治23）年には補習科（尋常小修了者対象）・専修科（高等小修了者対象）となる。こ

れがいわゆる「補習学校」で，義務教育後，就職及び家業に従事している者の中で修学を望む者に対して，小学校の校舎を利用して夜間を主として，いわゆる教養科目を教育していた。これを時の文相井上毅が普通教育に偏していることによる実業教育の不振を嘆き，ドイツの実業補習教育を調査して，実業教育の振興を図ることを目的として，1893（明治26）年「実業補習学校」が設置された。

一方では，我が国は富国発展の覇権主義のもと，日清・日露の戦争において勝利をおさめ，アジアにおける列強国の足場を築きつつあった。それら列強国の互いの牽制策として，1922（大正11）年ワシントン軍縮会議が開催され列強国の軍備縮減が定められた。その結果，我が国における職業軍人の就職先と世情不安を解消すべく，軍部は兵役前の青年の教育に重点をおき，当時の文部省の意向を押し切った形で，1926（大正15）年「青年訓練所」が設置された。もともと存在していた実業補習学校の上に軍事教練を主とする教育機関の設置は，負担の増す地方自治体や教育関係者及び一般大衆からも受け入れられず，文部省と軍部との長い期間の議論の結果，双方の折衷案が具体化して青年学校が1935（昭和10）年に設置された。

本書は，下記のような，研究室所属院生の修士論文を本学紀要の規程に合致するように収縮して投稿し，掲載刊行された論文と小生の紀要論文について，研究方法の記述部分等重複事項は先章のみにとどめて以降は省略したが，それぞれの著者の個性が表出されている文章表現はそのままにしてまとめたものである。章立ては，紀要の刊行順である。

(1) 飯川大徹，井上平治「道南地域における青年学校の技術教育に関する調査研究」『北海道教育大学研究紀要（教育科学編）』第52巻第1号（2001年）pp.125-138.

(2) 林 博昭，井上平治「道南地域における青年学校の技術教育に関する調査研究（第2報）」『北海道教育大学研究紀要（教育科学編）』第53巻第1号（2002年）pp.137-151.

(3) 井上平治「道南地域における青年学校の技術教育に関する調査研究（第

3報)」『北海道教育大学研究紀要(教育科学編)』第54巻第1号(2003年) pp.117-126.

(4) 安藤徹, 井上平治「道南地域における青年学校の技術教育に関する調査研究（第4報)」『北海道教育大学研究紀要（教育科学編)』第55巻第1号 (2004年) pp.65-78.

(5) 安藤徹, 井上平治「道南地域における青年学校の技術教育に関する調査研究（第5報)」『北海道教育大学研究紀要（教育科学編)』第56巻第1号(2005年) pp.117-130.

(6) 井上平治「道南地域における青年学校の技術教育に関する調査研究（第6報)」『北海道教育大学研究紀要（教育科学編)』第57巻第1号(2006年) pp.205-221.

なお, 調査時がいわゆる「平成の合併」以前であったので, その時点の町村名を使用している。

最後に, 日々の繁忙をきわめる中, ご対応いただき, 快く本書の出版を引き受けていただいた学文社のご厚意に対し, 衷心より御礼申し上げる。

2006年8月

編　者

目次

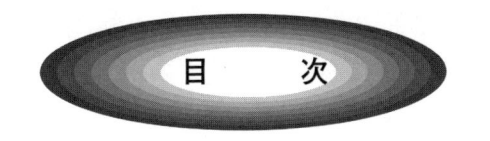

まえがき……………………………………………………………………… i

第1章　森町・八雲町・七飯町における青年学校の設置と技術教育…………1

1　はじめに ………………………………………………………………1
2　青年学校設立の経過と教授科目及び時間数について………………2
3　渡島支庁管内の青年学校に関する調査………………………………4
　3.1　青年学校の数と沿革等の調査…………………………………4
　3.2　全国の青年学校数との比較……………………………………5
　3.3　函館市の私立青年学校について………………………………6
　3.4　森町の資料から…………………………………………………6
　3.5　八雲町の資料から………………………………………………7
4　聞き取り調査 ………………………………………………………10
　4.1　聞き取り調査の項目……………………………………………10
　4.2　聞き取り調査の結果……………………………………………11
　　4.2.1　森町濁川青年学校…………………………………………12
　　4.2.2　森町尾白内青年学校………………………………………12
　　4.2.3　八雲町八雲青年学校………………………………………13
　　4.2.4　七飯町大中山青年学校……………………………………13
5　おわりに………………………………………………………………21
　注及び参考文献…………………………………………………………22

第2章 砂原町・鹿部町・南茅部町・椴法華村・恵山町・戸井町における青年学校の設置と技術教育 …… 25

 1 はじめに …… 25
 2 調査対象地域と青年学校 …… 26
 3 青年学校制度からみた「職業科」の特徴 …… 26
 4 北海道における青年学校経営の実態 …… 29
 5 道南地域における調査結果 …… 32
  5.1 調査地域における青年学校について …… 32
  5.2 調査地域における水産業の状況 …… 36
  5.3 職業科における実践について …… 39
   5.3.1 漁網に関する内容について …… 39
   5.3.2 水産加工品に関する内容について …… 41
   5.3.3 タラ漁業に関する内容について …… 42
   5.3.4 発動機に関する内容について …… 42
   5.3.5 海図，羅針盤の見方について …… 45
 6 調査結果についての考察 …… 46
 7 おわりに …… 49
  注及び参考文献 …… 50

第3章 北檜山町・大野町・上磯町における青年学校の設置と技術教育 …… 51

 1 はじめに …… 51
 2 北海道庁立青年学校教員養成所 …… 51
  2.1 教育方針 …… 53
  2.2 教育課程(学科目のみ) …… 53

2.3　在校生の出身地と出身校 ……………………………………… 54
　　2.4　北海道庁立実業補習学校教員養成所卒業生の就職地域 ……… 55
　3　北檜山町 …………………………………………………………………… 57
　　3.1　東瀬棚実業青年学校 ……………………………………………… 57
　　3.2　小倉山実業青年学校 ……………………………………………… 60
　4　大野町 ……………………………………………………………………… 61
　5　上磯町 ……………………………………………………………………… 63
　　5.1　沖川青年学校 ……………………………………………………… 63
　　5.2　谷川青年学校 ……………………………………………………… 64
　　5.3　上磯青年学校 ……………………………………………………… 64
　　5.4　茂辺地青年学校 …………………………………………………… 64
　6　青年学校本科用教科書について ……………………………………… 65
　7　おわりに …………………………………………………………………… 67
　　　注及び参考文献 …………………………………………………………… 69

第4章　今金町・瀬棚町・大成町・乙部町における青年学校の設置と技術教育 …………………………………………………… 71

　1　はじめに …………………………………………………………………… 71
　2　青年学校の実態 …………………………………………………………… 72
　　2.1　資料による調査地域の青年学校 ………………………………… 72
　　　2.1.1　今金町内の青年学校 ………………………………………… 72
　　　2.1.2　瀬棚町内の青年学校 ………………………………………… 73
　　　2.1.3　大成町内の青年学校 ………………………………………… 74
　　　2.1.4　乙部町内の青年学校 ………………………………………… 74
　　2.2　職業科の実践内容について ……………………………………… 75
　　　2.2.1　種川農業青年学校 …………………………………………… 76
　　　2.2.2　瀬棚実業青年学校 …………………………………………… 76

        2.2.3　梅花都水産青年学校 ·· 77
        2.2.4　島歌水産青年学校 ·· 78
        2.2.5　久遠水産青年学校 ·· 78
        2.2.6　乙部実業青年学校 ·· 80
        2.2.7　突符実業青年学校 ·· 80
    3　北海道庁立青年学校教員養成所第二臨時養成科 ·· 82
    4　「青年学校」の呼称に関して ·· 83
    5　『漁村靑年讀本〔実業教育用教科書〕』 ·· 88
    6　おわりに ·· 93
        注及び参考文献 ··· 94

第5章　厚沢部町・上ノ国町・福島町・知内町・木古内町における青年学校の設置と技術教育 ················ 97

1　はじめに ·· 97
2　青年学校の実態 ·· 97
    2.1　各地域の青年学校の状況 ·· 97
        2.1.1　厚沢部町の青年学校の状況 ·· 97
        2.1.2　上ノ国町の青年学校の状況 ·· 99
        2.1.3　福島町の青年学校の状況 ·· 104
        2.1.4　知内町の青年学校の状況 ·· 105
        2.1.5　木古内町の青年学校の状況 ·· 108
    2.2　職業科の実践について ·· 108
        2.2.1　俄虫農業青年学校 ·· 108
        2.2.2　上ノ國実業青年学校 ·· 109
        2.2.3　福島青年学校 ·· 110
        2.2.4　濱端青年学校 ·· 112
        2.2.5　岩部青年学校 ·· 113

		2.2.6	綱配野青年学校	113

| | 2.2.6   綱配野青年学校 ································· 113
| | 2.2.7   吉岡青年学校 ····································· 113
| | 2.2.8   矢越青年学校 ····································· 114
| | 2.2.9   泉澤青年学校 ····································· 115
| | 2.2.10   鶴岡青年学校 ····································· 115
| 3 北海道の青年学校制度 ·· 116
| 4 おわりに ·· 118
| 注及び参考文献 ··· 119

第6章 熊石町・江差町・松前町・奥尻町・長万部町における青年学校の設置と技術教育 ············ 123

1 はじめに ·· 123
2 青年学校以前の社会教育機関 ······································ 123
   2.1 当時の社会状況の概観 ·· 123
   2.2 実業補習学校 ··· 123
   2.3 青年訓練所 ·· 124
   2.4 青年学校規程公布以前の情勢 ································ 125
3 青年学校への呼称変更年について ································ 125
   3.1 熊石町 ·· 125
   3.2 江差町 ·· 127
       3.2.1 江差小学校 ·· 127
       3.2.2 朝日小学校 ·· 128
       3.2.3 水堀小学校 ·· 128
       3.2.4 日明小学校 ·· 128
   3.3 松前町 ·· 129
       3.3.1 松城小学校 ·· 129
       3.3.2 原口小学校 ·· 130

  3.3.3　大島小学校 ……………………………………………… 131
  3.3.4　清部小学校 ……………………………………………… 132
  3.3.5　小島小学校 ……………………………………………… 132
  3.3.6　館浜小学校 ……………………………………………… 132
  3.3.7　松前小学校 ……………………………………………… 132
  3.3.8　白神小学校 ……………………………………………… 132
 3.4　奥尻町 ……………………………………………………………… 133
  3.4.1　奥尻小学校 ……………………………………………… 133
  3.4.2　稲穂小学校 ……………………………………………… 134
  3.4.3　青苗小学校 ……………………………………………… 134
 3.5　長万部町 …………………………………………………………… 134
  3.5.1　長万部小学校 …………………………………………… 134
  3.5.2　国縫小学校 ……………………………………………… 136
  3.5.3　静狩小学校 ……………………………………………… 136
  3.5.4　双葉小学校 ……………………………………………… 136
4　各青年学校の技術教育について ……………………………………… 138
 4.1　熊石町 ……………………………………………………………… 138
  4.1.1　相沼水産青年学校 ……………………………………… 138
  4.1.2　雲石水産青年学校 ……………………………………… 140
 4.2　江差町 ……………………………………………………………… 140
  4.2.1　江差実業青年学校 ……………………………………… 140
  4.2.2　朝日農業青年学校 ……………………………………… 141
 4.3　松前町 ……………………………………………………………… 141
  4.3.1　福山青年学校 …………………………………………… 141
 4.4　奥尻町 ……………………………………………………………… 142
  4.4.1　釣石水産青年学校 ……………………………………… 142
  4.4.2　青苗水産青年学校 ……………………………………… 142
 4.5　長万部町 …………………………………………………………… 144

4.5.1　国縫青年学校 …………………………………………… 144
　　　4.5.2　静狩青年学校 …………………………………………… 146
5　青年学校令公布以前の「青年学校」呼称経過について ………… 147
6　技術教育（職業科）の実践例について ……………………………… 149
　　6.1　農業教育の実践例 ………………………………………… 150
　　6.2　水産教育の実践例 ………………………………………… 150
7　おわりに …………………………………………………………… 151
　　注及び参考文献 ……………………………………………………… 154

附録　青年学校関係法令集及び乙部村実業学校設置に関する事項 ……… 155
あとがき ………………………………………………………………… 184
索　引 …………………………………………………………………… 186

第1章 森町・八雲町・七飯町における青年学校の設置と技術教育

飯川 大徹

1 はじめに

　我が国の前期初等教育における技術教育の歴史は，1881（明治14）年の「小学校教則綱領」による『「農業」「商業」「工業」を加設してよい』としたことに始まる。1886（明治19）年には「小学校令」において，高等小学校に「手工科」が設けられ，さらに1926（大正15）年には「工業科」が設けられ，農業・工業・商業を選択必修とした。1941（昭和16）年の国民学校令公布によって，「手工科」は芸能科の中の一科目「工作」となり[1]終戦を迎える。また後期初等教育・中等教育における，技術教育の歴史を振り返ると，中学校においては，1881（明治14）年の「中学校教則大綱」，1894（明治27）年の「尋常中学校実科規程」により実科科目を設けることとしたが空文状態であった。しかし世界大恐慌の影響が日本にも及んで「思想善導」と「勤労愛好精神」の涵養を目的として，1931（昭和6）年，「中学校令施行規則」の改正が行われ，「公民科」と同時に「作業科」が，また増課科目として「実科」が設置された。さらに1943（昭和18）年「中学校規程」の公布により，芸能科「工作」と実科科となり[2],[3]終戦を迎える。

　一方，中等学校や高等小学校へ進学しない者，さらには後には高等小学校を終えた男女青年を対象として，1893（明治26）年，「実業補習学校規程」が公布され，翌年から実業補習学校が設立されてゆく[4]。これの中心となって発展したのが農業補習学校であった。また，1926（大正15）年の「青年訓練所規程」の公布に基づいて青年訓練所が設立された。この後1935（昭和10）年に，実業補習学校と青年訓練所が併合する形で「青年学校令」が公布され，青年学

校となるまでの40数年間に，全国農村の青少年に対する教育機関の役割を果たしてきた[5]。これらの実業補習学校，青年訓練所及び青年学校における教科は修身（青年訓練所以降は「修身及び公民科」），国語・理科・数学等のいわゆる普通教科，そして職業に関する学科と三つに大別できる。この職業に関する学科は工業・農業・商業・水産に関するもので，これらは技術教育に括ることができる内容である。

そこで青年学校の技術教育の内容に着目し，過去における実践例を認識し直すことにより，現在置かれている技術教育の位置を客観的に，そしてより系統立てて見ることが可能なのではないだろうかとの考えで，実践例を調査することにした。そこで先行研究を調査したが，その結果，前掲書[5]には農村における青年学校（公立）や企業内付設の青年学校（私立）の実践例が示されていた[6]。その他の文献[7]〜[15]では，目的・制度あるいは概括的な説明に関するものはあるが，実践内容の報告が見られない。北海道地域の教育のまとめとして評価が確定されている文献[9]・[10]・[11]においても，青年学校の設置・態様の変化・廃止等の年月等の範囲を越えた記述はない。

したがって，60年以上も経過した足跡を示す資料や該当者の方々の年齢を勘案した場合，調査を急ぐ必要があると判断した。先ずは道南地域に限定して管内青年学校の沿革と施設設備及び，技術教育に関する資料収集と聞き取り調査を行った。本章では渡島支庁管内の一部について調査した結果を報告する。

2 青年学校設立の経過と教授科目及び時間数について

青年学校は戦前日本における勤労青年対象の教育機関の一つであり，1935（昭和10）年4月1日の「青年学校令」によって設立され，1939（昭和14）年青年学校令改正により男子の就学義務化がなされ，1943（昭和18）年からは教育の効率化をはかるために各町村単位の統合を行い，そして戦後の1948（昭和23）年に正式に廃止された。戦時下においては勤労青年に対する教育を行ったパートタイムの学校である。青年学校が成立する以前にその母体となる教育機

関が存在した。それが実業補習学校と青年訓練所である。これらが併合して青年学校が設立されたこと，そしていわゆる旧制の中学校や農業・工業・商業・水産等の実業学校に進学しない地域に在住する男女青年を対象にした学校であったことは前述した。

実業補習学校と青年訓練所の設立経過並びに併合の理由については，文献(5)に詳述されているのでここでは省略する。

青年学校には，普通科（修業年限2年，尋常小学校卒業者対象）・本科（修業年限男子5年，女子3年，普通科修了者あるいは高等小学校卒業者対象）・研究科（修業年限1年，本科卒業者対象）・専修科（特に規定なし）の各科が設けられていた。また，当時の青年学校において行われていた教科目と時間数についてまとめると表1-1のようになる。

表1-1　教授および訓練科目と時間数

	男子学年(普)		女子学年(普)		男　子　学　年(本)					女子学年(本)		
	1	2	1	2	1	2	3	4	5	1	2	3
修身及公民科	20	20	20	20	20	20	20	20	20	20	20	20
普 通 学 科	90	90	80	80	50	50				50	50	50
職 業 科	60	60			70	70	90	90	90			
家事・裁縫科			80	80						110	110	110
体 操 科	40	40	30	30						30	30	30
教 練 科					70	70	70	70	70			
時間数合計	210	210	210	210	210	210	180	180	180	210	210	210

文献(5)の表7-13より

この中で職業科は男子対象であり，「職業科は職業に須要なる知識技能を修練せしめ兼ねて職業生活の社会的意義を体得せしむるを以て要旨とす　職業科は農業　工業　商業　水産其の他の職業の中に就き　土地の状況に適切なる事項を授くべし」[16]と，職業科の内容規程があった。また家事・裁縫科は女子を対象とし，軍事教練を内容とする科目として普通科では体操科，本科では教練

科がそれぞれ設けられていた。普通科及び本科の男女別学年別による科目と時間数の関係をまとめたものが表1-1である。空欄は科目が課せられていないことを示す。

3 渡島支庁管内の青年学校に関する調査

3.1 青年学校の数と沿革等の調査

　渡島支庁管内における青年学校数や各校の沿革に関する調査を行った。校数については前提として，現在と当時では合併等により対象地域の市町村数や地域名が異なっているので，時期を特定する必要があった。それを1939（昭和14）年とした。

　理由はこの年に男子が義務制に移行したこと，その影響であろうか同年の7月5日付の「函館新聞」において渡島支庁管内における青年学校数と男子生徒数が掲載されていたことの2点によった。また函館市の「事務報告書」（函館市史）において，昭和14年以降「生徒数ハ防諜関係ニ依リ記載ヲ略ス」と注を付して，統計表の生徒数の欄を空白のままにしておいている。これは青年学校

表1-2　渡島支庁管内における青年学校の数と男子生徒数

市町村名	学校数	生徒数	市町村名	学校数	生徒数	市町村名	学校数	生徒数
函 館 市	17	—	茂 別 村	2	179	尾札部村	3	299
大 島 村	3	257	上 磯 町	5	354	臼 尻 村	2	182
小 島 村	2	159	大 野 村	4	269	鹿 部 村	1	122
福 山 町	1	378	七 飯 村	6	437	砂 原 村	1	162
大 澤 村	2	138	亀 田 村	4	372	森　　町	6	426
吉 岡 村	1	131	銭亀沢村	3	234	落 部 村	5	152
福 島 村	5	307	戸 井 村	4	286	八 雲 町	14	476
知 内 村	4	288	尻岸内村	4	302	長万部村	4	385
木古内村	5	429	椴法華村	1	94	計	104	6818

（函館市の数値以外は「函館新聞」昭和14年7月5日による）

第1章　森町・八雲町・七飯町における青年学校の設置と技術教育　5

が軍事との密接な関連を示す一つの事実であるといえる[17]。これらをまとめたものが表1-2である。

　なお，町村の名称については，たとえば福山町は1940（昭和15）年に松前町に改称し，大島村，小島村，大澤村も1954（昭和29）年7月に松前町と合併している。また，吉岡村は福島町と合併，茂別村は1955（昭和30）年に上磯町に編入している。落部村は1957（昭和32）年4月に八雲町に編入した。尻岸内村とは恵山町の旧名である。

3.2　全国の青年学校数との比較

　表1-3は，青年学校数について1935（昭和10）年10月1日現在の文部省社会教育局青年教育課の調査結果と，比較のために「渡島管内」・「函館市のみ」を表1-2を整理してあげてみた。北海道の総数が全国のそれの約9.3%になる。これは文部省の調査結果（抜粋すると青森427校，福島501校，東京332校，新潟597校，長野419校，兵庫579校，広島272校，福岡446校，鹿児島193校）からみても，北海道の設置数が多い。これは地域の面積や人口数のみによらない，経済的に旧制の中学校や農業・工業・商業等の学校に進学出来なかった青年が比較的多かったこともその理由にあげられるのではないかと判断する。

　渡島支庁管内の各市町村史に教育に関する事項が記載されていた。青年学校に関する記載量はまちまちであるが，木古内町，砂原町，鹿部町，椴法華村，七飯町，福島町，南茅部町の各町村史には青年学校に関する記録を発見するこ

表1-3　全国と北海道の青年学校数の比較（1935年）

	公　　　　立				私　立	合　計
	道府県立	市　立	町村立	計		
全　　国	22	1367	14952	16341	347	16688
北　海　道	0	55	1467	1522	23	1545
渡島　管内	0	17	87	104	4	108
函館市のみ	0	17	0	17	4	21

（渡島管内は函館市も含めた数）

とが出来なかった。3.1でも述べたが，戦後 GHQ の追求を予想して関係書類を処分した結果であろう。

3.3 函館市の私立青年学校について

これについては「函館市資料集　第十四号」[18]がある。これは函館市の教育年表であり，青年学校に関する記録を見ることができる。抜粋すると，

　　棒ニ森屋青年学校開校，時計青年学校を東川小学校に開校，理髪青年学校新川小学校に開校，

　　北洋青年学校設置（仲町42，北洋産業報国会），日魯青年学校設置（真砂町6，日魯漁業株式会社）

　　大日本電力青年学校開設（柏木町152），私立富岡青年学校設置（東雲町18富岡鉄工所），

　　私立函館船舶青年学校開校。

　　1942（昭和17）年以降は，私立本間青年学校設立認可（幸町18，本間工場内，1942（昭和17）年），

　　私立船矢青年学校開校（1942（昭和17）年），私立ウロコ青年学校開校（函館製網船具株式会社，1943（昭和18）年），

　　函館木造船青年学校開校（函館木造船組合1943（昭和18）年）。

このように函館市では，徴兵前の青年企業労働者が多く存在していたこと，1942年以降は鉄工・船舶等軍事に深い関わりを有する産業に関する青年学校が多く設置されたことがわかった。

3.4 森町の資料から

森町史は，その中に「石倉青年学校沿革史」が相当数の紙数で記載されていた。さらに，森町立濁川小学校において閲覧させていただいた「濁川小學校沿革史」では，青年学校令が公布される以前の1931（昭和6）年4月22日時点ですでに青年学校が存在していたという事実を確認した（写真1-1）。

当時の学校長大西千代三郎（在職期大正8年～昭和12年，期間18年6ヶ月）が

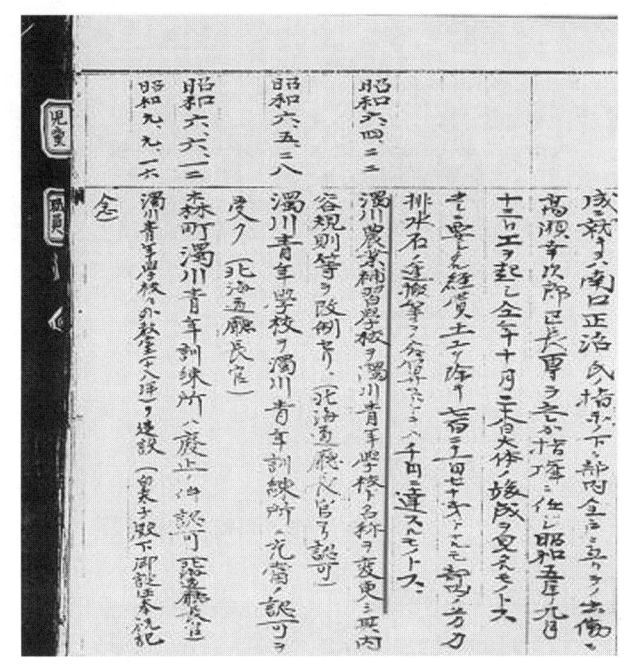

第1章　森町・八雲町・七飯町における青年学校の設置と技術教育　7

写真1-1　「濁川小學校沿革史」の一部

地域の青年教育に努力を傾注し，青年会を組織してその活躍が評価され，1930（昭和5）年に文部大臣から表彰を受けている[19]。また「郷土研究」と題する毛筆による紐綴冊子に「(11)濁川に来られた主なる方の調査」の項がある。ここには渡島支庁長や道央の農業技術者や札幌・函館師範学校校長及び函館市内の小学校長の氏名が見られる。これらの資料からもその実践が高く評価されていたことがわかる。それらが考慮されて北海道廳長官によって認可されたものであろう。1935年の青年学校令公布以前に名称変更した極めて珍しい例であろう。写真1-2は写真1-1の昭和9年の項に記載の「濁川青年學校々外教室見取り図」である。

3.5　八雲町の資料から

　八雲町では教育委員会に青年学校に関する貴重な資料が保存されていて，ご

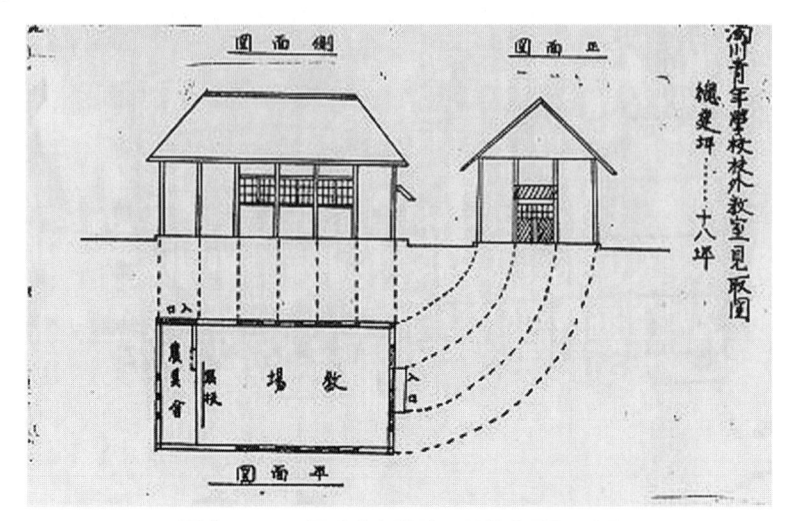

写真1-2　濁川青年學校々外教室見取り図

写真1-3　各月教材配當表

好意で閲覧することが出来た。主な資料名をあげると「青年学校々籍簿」,「学籍簿本科第五学年（八雲青年学校）」,「修業證書台帳（山崎青年学校）」,以下は八雲町に編入前の落部青年学校に関するものであるが,「例規綴」,「各月教材配當表」,「校具台帳」,「青年學校台帳」等である。「各月教材配當表」が写真1-3である。

これは現在の年間学習指導計画に該当するものであり，当時の落部青年学校における授業の内容を具体的に把握する上で貴重な資料といえる。以下に職業科（農業）の内容を抜粋する。

これによると，落部青年学校の職業科は，通年で行っていたことがわかる。

《職業科（農）月別教材配當表》

四月
- 蔬菜園芸作物耕種法大要
- 畜産ノ大要

五月
- 播種前ニ於ケル注意事項
- 飼料孛ノ大要

六月
- 主要農作物ノ管理ニ就イテ
- 飼料孛ノ大要

七月
- 病虫害防除法ノ大要
- 飼料孛ノ大要

八月
- 夏作物収穫上注意スベキ事項
- 飼料孛ノ大要

九月
- 秋収作物収穫上注意スベキ事項
- 霜害予防法
- 飼料孛ノ大要

十月
- 果樹園芸作物栽培法大要
- キク飼養管理

十一月
- 肥料孛大要
- 牛ノ飼養管理

十二月
- 肥料孛大要
- 牛ノ飼養管理

一月
- 肥料孛大要
- 牛乳ノ知識

二月
- 温床ニヨル蔬菜育苗法ニ就イテ
- 豚馬ノ飼養管理

三月
- 各種団体ニ就イテ
- 豚馬ノ飼養管理

4 聞き取り調査

4.1 聞き取り調査の項目

　学校沿革調査では，渡島支庁管内に関する文献・資料から青年学校の沿革を中心にして技術教育の内容等可能な限りの調査を行った。しかし，技術教育の内容に関しては前章の落部青年学校「各月教材配當表」が唯一のもの（農業）であった。そこで，青年学校の技術教育の実践内容をより，明らかにするために聞き取り調査を実施した。調査対象者は青年学校在学経験者，または青年学校教員経験者で，その選定に関しては各市町村立小学校の創立記念誌における教職者や卒業生名簿などを参考にした。その理由は青年学校は単独の校舎を有していたところは稀で，当時の尋常高等小学校に併設されて校長は兼職，教練科は地域の退役軍人が，他科目は尋常高等小学校の教員が（出向，資格は助教諭）担当した。また生徒は当該尋常高等小学校を卒業した者が進むと予想できるからである。

　調査項目（質問項目）は，以下の通りである。

1．対象者の氏名・生年月日。
2．青年学校に在学した期間（入学年月・卒業又は退学年月）。
3．青年学校の所在地（単独か併置か）。
4．尋常高等小学校卒業時における青年学校の進学率。
5．校舎，校舎設備について。
6．実施された授業科目（職業科を中心に）。
7．授業実施期間（通年又は特定期間）と時間（昼間又は夜間）。
8．授業内容とその程度。
9．教科書等教材の有無。
10．青年学校に在学して得たもの

4.2 聞き取り調査の結果

　聞き取り調査は，前述のように記念誌の名簿をもとに電話帳から探し当て問い合わせしたが，60年以上も経過した当時の状況については，高齢の方々ばかりでこちらが目的としている「職業科」の内容は，記憶がほとんどないという方もおり，困難な作業であった。しかし，そのような方からも同期や先輩の方々を紹介していただき，結果的には青年学校に在籍された方5名（森町濁川青年学校1名，森町尾白内青年学校1名〈森逓信青年学校にも在籍〉，七飯町大中山青年学校1名，八雲町八雲青年学校3名）と，青年学校にて実際に教鞭をとっていた方2名（函館市的場青年学校1名，森町尾白内青年学校1名）の計7名の方に聞き取り調査に応じていただくことにした。職業科に関する事項を中心にして結果を以下のような項目ごとに整理した。

(1) 校舎について

　予想はしていたが，独立の校舎を持っていたのは，濁川青年学校のみであった。青年学校がほとんど各地の尋常高等小学校や高等小学校（函館市立的場高等小学校の例）に付設されていたことが再確認できた。

(2) 進学率について

　どの地域においても50％前後であった（濁川青年学校70％前後，八雲青年学校20％前後と記憶しているとの事例もある）。義務制になる1939（昭和14）年前後においても，大差がなかったようである。尋常科あるいは高等科を終えた者の半数程度が，中学校や実業学校に進学したりまたは他の地域に職を得て地域を離れ，地域に残った者は同期の半数程度であり，その方々が就学の対象であったと思われる。

(3) 設備について

　職業科に関する設備用具はほとんどなく，生徒が農機具等を持参しての授業であった。その中で落部青年学校の「校具台帳」には，「備付年月日21，3，20」とあり，そこには「平鍬2，窓ホー2，草切ホー2，レーキ1，ホーク1」等の記述が見られる。これは昭和21年の指導者用備品ということであろうが，調査対象者で生徒であった方々は戦前の在籍者ばかりであるので，「生徒

が持参」というのは，当時の状況を判断して正確であろう。

(4) 職業科の授業内容について

聞き取り調査中に対象者が保管していた資料のうち，現在の技術教育との比較で重要と思われる資料は，紙数の許容される限り掲げることにした。

4.2.1 森町濁川青年学校

「農業」が主で稲作や畑作に関する内容であった。指導者は専任の教師であった。稲作は地域の篤志家から田を貸与してもらい当時としては冷害に比較的強いとされた「黒毛米」を育成し，その食味について調査した。また畑作では馬鈴薯・大豆・玉蜀黍・燕麦等を育成した。病虫害対策としてボルドー液等の生成を行った。これらが地域の農家に非常に重宝された。座学の期間は冬期の夜間1回2時間程度で，実習は季節に合わせて断続的ではあるが通年で実施していた。座学では教科書はなく，時折教員作成のガリ版刷りの資料が使用された。

4.2.2 森町尾白内青年学校

戦前そして戦後昭和30年代まで噴火湾における有数の漁場をかかえる地域であった。冷凍施設設備が整備されていない当時は，大量の漁獲物のほとんどを地域の加工場で魚粕に製造し，農業用の肥料として全国の農家の需要に応えていた。そのような地域の状況であったので，授業内容は主に「水産」であった。青年学校では漁獲物に付加価値を付けて販売ルートにのせることを考えて，地域の加工業者の有志とも相談して，「鰯のミリン干し」加工を青年学校の実習に取り入れた。加工方法は鰯を3枚おろしにしてゴマをふる。その後ミリンに鰯を漬け込み，その後天日干ししてセロファンで包装して商品とし，生徒はそれを販売まで行った。生産から販売までと一貫した当時としては画期的な授業（実習）であった。当時在籍した尋常科・高等科の教師の指導力に負うところもあった。当時の在校生は流通機構を身をもって学んだことになる。

期間は冬期間それも夜間であったが毎日ではなかった。前述の付加価値加工は時期的には秋口に集中しての実習であった。

4.2.3 八雲町八雲青年学校

　農業特に「酪農」が主な内容であった。指導者は企業（雪印乳業）の工場長や役員クラスの方の出向によるものであった。一緒に地域の酪農家を訪ね，乳牛の罹患する病気や酪農経営のデンマーク方式等に関する畜産の知識を学んだ。また工場長の栄養学に関する授業もあった。内容がかなり高度なもので地域の酪農経営に関しては，青年学校の卒業生がリードしていたとの感想が聞かれた。期間は冬期間（12月から翌年4月），1週間に1度で時間は8時30分〜14時頃までであった。調査対象者の記憶では，夏期間も何回か授業が実施されたとのことであった。

4.2.4 七飯町大中山青年学校

　「農業」が主であった。稲作と畑作に関してであり，30アールの水田を地域の農家から貸与してもらい稲の育成や馬鈴薯・大豆の育成を行った。

　さらにこれらの産物を水飴・豆腐・納豆等に加工するいわゆる農産加工実習があった。これらの実習も尾白内青年学校の実践のように，原料の生産から商

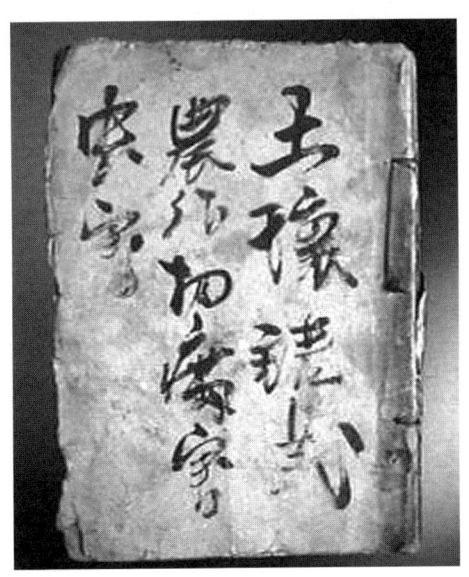

写真1-4　大中山青年学校の教科書の一部

品まで一貫した実習を通しての，経済流通機構に関する授業であった。さらに蚕を飼育して製糸から製織までも行った。指導者は農業学校教員の資格を有する方で，座学の必要性を認めながらも「農業は実際に身体で覚えないとだめだ」と事あるごとに話していた。しかし教科書には相当レベルの高いものを使用していた。いわゆる「講義録」であった。それは指導者が常日頃口にしていた「大野農業学校にも劣らない内容」の顕れでもあった。以下に，調査対象者が保管していた「土壌講義」，「農作物病害講義」，「農作物害虫講義」の合本教科書の写真（写真1-4）と，職業科の内容が把握できる貴重な資料であるので，これらを含めた他の教科書の目次を整理して示すことにする。

```
土壌講義
　浦上啓太郎　　瀬尾　春雄　　広　　角治
　緒言
　　一，土壌と農作の生育
　　二，土壌の生成　Ⅰ，風化　一，理学的風化　二，化学的風化
　　　　　　　　　　Ⅱ，腐植化　㈠分解　㈡集積
　　三，土壌の種類　㈠残積土　㈡運積土　㈢
　　四，土壌の性状　Ⅰ　㈠土壌の構造　㈡凝集力と粘着力　㈢土壌の色　㈣土壌中の空気
　　　　　　　　　　　　㈤土壌中の水　㈥土壌と温熱
　　　　　　　　　　Ⅱ　㈠土壌の化学的組織　㈡腐植　㈢植物養分の形態　㈣吸収作用
　　　　　　　　　　　　㈤土壌の膠質物　㈥土壌の酸性
　　五，耕土改良　㈠火山灰土　㈡泥炭土　㈢酸性土壌　㈣重粘土　㈤漏水地の改良
　　　　　　　　　㈥傾斜地土壌の削剥防止　㈦湧水又は潜水湿地の改良　㈧深耕
　　　　　　　　　㈨有機物の増施　㈩緑作休閑
　　六，地力の涵養　㈠土地改良　㈡耕転　㈢整地　㈣有機物の施用　㈤養分補給
　　　　　　　　　　㈥傾斜地，風害地の土壌の移動防止　㈦輪作　㈧家畜の飼養　㈨結言
　　七，土壌の調査　㈠土壌の調査法　一，場所　二，地形　三，地質
　　　　　　　　　　　　　　　　　　四，作物の育況及び植物景　五，地下水
　　　　　　　　　　　　　　　　　　六，第二次生成物　七，層序・層名・層厚　八，土性
　　　　　　　　　　　　　　　　　　九，土色　十，根の分布状態　十一，粗密度
　　　　　　　　　　　　　　　　　　十二，構造
　　　　　　　　　　㈡農事調査　一，土地の関する調査　二，気候に関する調査
　　　　　　　　　　　　　　　　三，耕種に関する調査　四，土壌試料の採集
```

農作物病害講義　北海道農事試験場技師　　　田中　一郎
　　　　　　　　北海道農事試験場　　　　　　成田　武四

前篇　総論
　まえがき
　　第一，農作物病害　第二，農作物病害の原因　第三，病徴　第四，病害の伝播
　　第五，病原体の越年及び生存期間　第六，作物病害と誘因　第七，作物病害の防除法
　　第八，殺菌剤（病害予防駆除剤）　第九，病害防除用器具
後篇　各論
甲　寄生病害（伝染病害）
第十，水稲病害　㈠稲熱病　㈡稲胡麻葉枯病　㈢稲馬鹿苗病　㈣稲苗腐敗病　㈤稲苗立枯病
第十一，麦類病害　Ⅰ麦類銹病　Ⅱ麦類黒穂病　Ⅲ麦類赤黴病　Ⅳ麦類斑葉病　Ⅴ麦類冬損
第十二，雑穀類病害
第十三，豆類病害　㈠大豆病害　㈡小豆病害　㈢菜豆病害　㈣豌豆病害
第十四，馬鈴薯病害　㈠馬鈴薯疫病　㈡馬鈴薯黒痣病　㈢馬鈴薯粗皮病　㈣馬鈴薯夏疫病
　　　　　　　　　㈤馬鈴薯萎縮病
第十五，蔬菜作物病害　Ⅰ十字科蔬菜の病害　Ⅱ瓜類の病害　Ⅲ茄，蕃茄の病害
　　　　　　　　　　Ⅳ稜菠草の病害　Ⅴ食用百合の病害　Ⅵその他の病害
第十六，果樹病害　Ⅰ苹果の病害　Ⅱ梨の病害　Ⅲ桜桃の病害　Ⅳ桃，梅，李の病害
　　　　　　　　Ⅴ葡萄の病害　Ⅵ須具利の病害　Ⅶ果樹共通病害
第十七，特用作物病害　一，甜菜の病害　二，薄荷の病害　三，亜麻の病害　四，除虫菊の病害
　　　　　　　　　　五，菜種の病害
第十八，緑肥及び飼料作物病害　一，クロバーの病害　二，ベッチ類の病害
　　　　　　　　　　　　　　三，黄花ルービンの病害　四，禾本科牧草の病害
　　　　　　　　　　　　　　五，飼料用玉蜀（とうもろ）こしの病害
　　　　　　　　　　　　　　六，飼料用根菜類の病害　七，桑の病害
乙　非寄生病害（生理病害）
第十九，気象の不良条件による障碍　㈠寒害　㈡雪害　㈢風害　㈣濃霧の害　㈤雨害及び水害
　　　　　　　　　　　　　　　　㈥旱害
第二十，土壌の不良条件による病害　㈠土壌の物理的不条件による病害
　　　　　　　　　　　　　　　　㈡土壌の化学的不条件による病害
第二一，有害物質の中毒による病害　㈠煙害　㈡鉱毒の害　㈢農用薬剤の害
　　　　　　　　　　　　　　　　　一，浸漬剤燻蒸剤による薬害　二，散布剤による薬害

農作物害虫講義　北海道農事試験場技師農学博士　　桑山　　覚
　　　　　　　　北海道農事試験場　　　　　　　　加藤　静夫
　　　　　　　　　　　　同　　　　　　　　　　　桜井　　清

総論
　緒論
　害虫と益虫
　昆虫の概念
　　昆虫の形態　昆虫の変態　昆虫の習性　昆虫の種類
　害虫の蕃殖
　害虫防除法　㈠種耕的防除法　㈡機械的防除法　㈢薬剤的防除法　㈣天敵保護利用法

㈤殺虫剤の調整法並びに使用法
　　Ⅰ毒剤　Ⅱ接触剤　Ⅲ燻蒸剤　Ⅳ展着剤　Ⅴ雑剤
各論
　普通作物の害虫
　　一，稲の害虫　　　　　泥苞虫-イネゾウムシ　稲泥負虫-イネハモグリハエ
　　　　　　　　　　　　　二化性螟虫-イネキイロモグリバエ　セジロウンカ
　　二，麦類の害虫　　　　ハリガネムシ類　ムギクロハモグリバエ
　　　　　　　　　　　　　ムギヒゲナガアブラムシ　シロミミアカヨトウバクガ
　　三，大形禾穀類の害虫　アワノメイガ　アワヨトウ　キビクビレアブラムシ
　　四，大豆の害虫　　　　フタスジヒメハムシ　マメコガネ　キタバコガ　ツメクサガ
　　　　　　　　　　　　　ダイズクキタマバエ　マメノシンクイガ
　　五，小豆，菜豆の害虫　マメノアブラムシ　タネバエ　マメホソグチゾウムシ
　　六，豌豆の害虫　　　　ヨトウガ　エンドウハモグリバエ　エンドウゾウムシ
　　七，馬鈴薯の害虫　　　オオニジフヤホシテントウ　ジャガイモヒゲナガアブラムシ　ケラ
　特用作物の害虫
　　一，亜麻の害虫　　　　シロモンガヤ　ヒメビロウドコガネ
　　二，甜菜の害虫　　　　テンサイノミハムシ　センモンガヤ　カメノコハムシ
　　　　　　　　　　　　　シロオビノメイガ
　　三，薄荷の害虫　　　　ハッカチビノミハムシ　ウリハムシモドキハッカハムシ
　　　　　　　　　　　　　ハッカノメイガ
　　四，菜種の害虫　　　　ウスベニノメイガ　ナガメ
　緑肥及び飼料作物の害虫
　　一，クローバー，ベッチ及びルーピンの害虫　モンキチョウ
　　二，禾本科牧草の害虫
　　三，桑の害虫　　　　　タマハマキ　クワエダシャク　クワゴマダラヒトリ
　蔬菜の害虫
　　一，十字花科蔬菜の害虫　キボシマルトビムシ　キスジノミハムシ　ダイコンノアブラムシ
　　　　　　　　　　　　　モモアカアブラムシ　モンシロチョウ　カブラハバチ　コナガ
　　　　　　　　　　　　　ダイコンバイ
　　二，葱類の害虫　　　　ネギアザミウマ　ムラサキカメムシ　タマネギバイ
　　三，瓜類の害虫　　　　ワタノアブラムシ
　　四，茄，番茄の害虫　　ハダニ
　　五，百合の害虫　　　　ユリクダアザミウマ　ネダニ
　　六，草苺の害虫　　　　イチゴハムシ　シロオビクロハバチ　イチゴハナゾウムシ
　果樹の害虫
　　一，苹果の害虫　　　　リンゴカキカイガラムシ　オオワタカイガラモドキ
　　　　　　　　　　　　　リンゴコブアブラムシ　リンゴノワタムシ　ミドリヒメヨコバイ
　　　　　　　　　　　　　リンゴハマキ　キンモンホソガ　リンギスガ　ツツミノガ　毛虫類
　　　　　　　　　　　　　尺獲類　リンゴハバチ　食葉甲虫類　モモチョッキリゾウムシ
　　　　　　　　　　　　　リンゴハバニ
　　二，梨の害虫　　　　　ナシキジラミ　ナシハマキマダラメイガ　ナシマダラメイガ
　　　　　　　　　　　　　モモチョッキリゾウムシ
　　三，桜桃の害虫　　　　モンクロシャチホコ　ウチイケオオトウハバチ　コスカシバ
　　　　　　　　　　　　　オオトウハマダラミバエ

四，桃，梅，李の害虫
　　五，葡萄の害虫　　　　ブドウスカシクロバー　ブドウサルハムシ　ヅドウノコブムシ
　　六，貯蔵穀物の害虫　　コクゾウ

作物講義　　内田　重義

第一篇　総論
　第一章　緒論
　第二章　種類　品種　　第一節　種類　　第二節　品種とその改良
　　　　　　　　　　　　第三節　種類及び品種の選定
　第三章　栽培の方式　一，輪作　二，連作
　第四章　種類　第一節　芽　　第二節　種子　　第五章　整地　一，耕鋤
　第六章　施肥　一，施肥の準備，方法　二，施肥の分量，時期，回数
　第七章　播種，移植　第一節　播種　　第二節　移植
　第八章　管理　第一節　間引　　第二節　除草　　第三節　中耕　　第四節　培土
　　　　　　　　第五節　灌漑　　第六節　病害虫，鳥獣の防除
　第九章　収納，貯蔵　第一節　収納　　第二節　貯蔵
　第十章　災害気候に於ける耕種上の処置
第二篇　各論　内田　重義
　　　　　　　井口　梶雄
　第一章　水稲　第一節　概説　　第二節　気候及び適地　　第三節　稲作法の種類及び品種
　　　　　　　　第四節　種籾　　第五節　温・冷床苗代　　第六節　普通苗代　　第七節　整地
　　　　　　　　第八節　施肥　　第九節　直播　　第十節　挿秧（そうおう）
　　　　　　　　第十一節　灌漑　　第十二節　中耕除草　　第十三節　収納　乾燥及び貯蔵
　　　　　　　　第十四節　病虫害の駆除
　第二章　麦類　第一節　概説　　第二節　気候及び適地　　第三節　種類及び品種
　　　　　　　　第四節　輪作　　第五節　種子　　第六節　肥料　　第七節　播種
　　　　　　　　第八節（舟茂　宣雄）管理　　第九節　間作及び混作　　第十節　収穫と乾燥
　　　　　　　　第十一節　病害虫の防除　　第十二節　用途並びに品質
　第三章　玉蜀（とうもろ）こし　（内田　重義，山田　岩男）
　　　　　　　　第一節　概説　　第二節　気候及び適地　　第三節　種類及び品種
　　　　　　　　第四節　栽培の方式　　第五節　種子　　第六節　耕鋤及び整地
　　　　　　　　第七節　施肥　　第八節　播種　　第九節　管理　　第十節　収納及び乾燥
　　　　　　　　第十一節　諸害防除
　第四章　豆類　第一節　概説　　第二節　気候及び適地　　第三節　品種　　第四節　輪作
　　　　　　　　第五節　種子　　第六節　整地　　第七節　施肥　　第八節　播種
　　　　　　　　第九節　間作　　第十節　管理　　第十一節　収穫，乾燥及び調整
　　　　　　　　第十二節　病虫害の防除
　第五章　馬鈴薯（宮澤　春水）
　　　　　　　　第一節　概説　　第二節　気候及び適地　　第三節　品種　　第四節　輪作
　　　　　　　　第五節　種薯　　第六節　肥料　　第七節　播種　　第八節　管理
　　　　　　　　第九節　収穫及び貯蔵　　第十節　病害虫防除
　第六章　亜麻　第一節　概説　　第二節　気候及び適地　　第三節　種類及び品種
　　　　　　　　第四節　輪作及び跡地の利用　　第五節　種子　　第六節　整地

第七節　施肥　第八節　播種　第九節　管理　第十節　収穫及び乾燥調整
第十一節　病虫害の防除　附　採種亜麻の栽培法
第七章　甜菜　第一節　概説　第二節　気候及び適地　第三節　種類及び品種
第四節　輪作　第五節　整地　第六節　施肥　第七節　播種
第八節　管理　第九節　収穫　第十節　病害虫の防除
第八章　薄荷　（内田　重義，北村　卓弥，七宇　啓）
第一節　概説　第二節　気候及び適地　第三節　品種　第五節　種根
第六節　整地　第七節　施肥　第八節　植付　第九節　発芽後の管理
第十節　病虫害　第十一節　刈取　第十二節　乾燥　第十三節　取卸
第九章　除虫菊　第一節　概説　第二節　気候及び適地　第三節　種類及び品種
第四節　苗の育成　第五節　整地　第六節　定植　第七節　施肥
第八節　管理　第九節　株の更新　第十節　収穫，乾燥及び調整
第十一節　病害虫の防除
第十章　菜種　第一節　概説
第二節　気候及び適地　第三節　種類及び品種　第四節　輪作及び跡地利用
第五節　種子　第六節　整地　第七節　施肥　第八節　播種
第九節　管理　第十節　収穫乾燥及び調整　第十一節　病害虫の防除
第十一章　牧草　第一節　概説　第二節　気候及び適地　第三節　種類　第四節　輪作
第五節　種子　第六節　整地　第七節　施肥　第八節　播種
第九節　収穫　第十節　乾燥　第十一節　採種　第十二節　病害虫防除
第十二章　青刈作物　第一節　概説　第二節　燕麦　第三節　稗　第四節　ライ麦
第五節　菜種　第六節　大豆
第十三章　飼料用根菜類　第一節　概説　第二節　飼料用ビート
第三節　瑞典蕪菁（スエーデンカブ）　第四節　飼料用蕪菁

農産加工講義　北海道農事試験場　山本　晃治
　　　　　　　　　　　　　　　　兼子　正
緒言
第一章　農産加工の必要及び其の利益
第二章　乾菜の製法　一，乾瓢　二，切乾南瓜　三，切乾馬鈴薯　四，切乾人参　五，切乾大根　六，乾葉　附，乾菜貯蔵法
第三章　漬物の漬け方　一，漬物の効能　二，漬物用蔬菜　三，調味料　四，着色剤と保色剤　五，漬物に必要な用具　六，漬物の貯蔵温度　七，塩漬類　八，酢漬類　九，糠漬類　十，麹漬類　十一，粕漬類　十二，芥子漬類　十三，味噌漬類　十四，醤油漬類
第四章　果実の加工　一，果汁類　二，ゼリー　三，ジャム　四，乾燥果実　五，果実酒
第五章　馬鈴薯澱粉製造法　　一，緒言　二，原料馬鈴薯　三，用水　四，製造法　五，澱粉の精製
第六章　菜種油採油法　一，概説　二，採油法　三，精製
第七章　飴用麦芽及び水飴の製法
　　甲　飴用麦芽の製法　一，原料大麦　二，製造法　三，麦芽の貯蔵
　　乙　水飴の製法　一，原料　二，原料の配合割合　三，製造法
第八章　納豆の製法　一，原料大豆　二，製造法　三，製品の品質

第九章　豆腐の製法　一，原料　二，製造方法　三，製品及び副産物
第十章　凍豆腐の製法　一，原料　二，製造方法　三，製品及び調整法
第十一章　精穀　一，精米　二，精麦
第十二章　圧砕穀　一，押麦　二，挽割機　三，各種穀実類の圧砕
第十三章　製粉　一，小麦粉　二，雑穀粉
第十四章　穀粉加工調理法　一，麺類　二，麺麹（パン）
第十五章　自家醤油醸造法　一，原料　二，混合割合　三，原料の処理　四，製麹準備
　　　　　　　　　　五，麹製造　六，醪（もろみ）の仕込　七，醪の熟成　八，搾汁
　　　　　　　　　　九，火入　十，おり引　十一，加工　十二，二番醤油
第十六章　溜醤油醸造法　一，製麹方法　二，醪の仕込及び熟成　三，溜の分離
第十七章　味噌醸造法　一，材料　二，配合割合　三，材料の処理　四，味噌仕込　五，熟成
第十八章　缶詰及び瓶詰製造法　一，脱気　二，密封　三，殺菌　四，容器の種類
　　　　　　　　　　五，缶詰及び瓶詰の種類　六，缶詰及び瓶詰の製造順序

肥料講義　　北海道農事試験場技師　　　天野　文助
　　　　　　北海道農事試験場　　　　　今野順治郎
総論　天野　文助
　一，施肥の目的　二，肥料の意義　三，植物養分　四，肥料五要素の作用
　五，肥料中の三要素の形態　㈠窒素の形態　㈡燐酸の形態　㈢加里の形態
　六，肥料の分類　1，動物質肥料　2，植物質肥料　3，鉱物質肥料
各論　今野順治郎
　一　厩肥及び堆肥
　　　Ⅰ　厩肥の堆積　イ，新鮮厩肥の性質　ロ，新鮮厩肥の産量
　　　　　　　　　　ハ，厩肥堆積中に於ける肥料成分の損失
　　　　　　　　　　ニ，肥料成分の損失防止の注意　ホ，厩肥堆積法　ヘ，堆積中の管理
　　　Ⅱ　堆肥の堆積　イ，堆肥材料　ロ，発酵の必要条件　ハ，堆積中の変化　ニ，堆積法
　　　Ⅲ　厩肥堆肥堆積場の設置　イ，堆積場の位置　ロ，堆積場の広さ　ハ，堆積場の形状
　　　　　　　　　　ニ，堆積場の床　ホ，堆積場の壁　ヘ，堆積舎の建設
　　　Ⅳ　厩肥堆肥の効果　イ，各種厩肥及び堆肥の成分　ロ，含有成分の効果
　　　Ⅴ　施用法　イ，厩肥堆肥の用意　ロ，厩肥又は堆肥と基本とせる肥料の配合
　　　　　　　　　ハ，施用期並びに施用方法
　二　下肥（人糞尿）　イ，組成　ロ，生産量　ハ，成分量　ニ，取扱法　ホ，施用法
　三　鶏糞　イ，組成　ロ，生産量　ハ，成分量　ニ，取扱法　ホ，施用法
　四　緑肥　Ⅰ　緑肥の分類　㈠主作緑肥　㈡間作緑肥（混作）　㈢跡作緑肥
　　　　　　Ⅱ　緑肥の栽培　イ，赤クローバー　ロ，コンモンベッチー　ハ，サンドベッチ
　　　　　　　　　　　　　　ニ，緑肥大豆　ホ，ルーピン　ヘ，その他の緑肥
　　　　　　Ⅲ　緑肥の成分　Ⅳ　緑肥の肥効
　　　　　　Ⅴ　緑肥の鋤込
　　　　　　　　イ，緑肥の分解に及ぼす影響　ロ，鋤込の時期　ハ，鋤込の用意
　　　　　　　　ニ，緑肥に配合すべき肥料　ホ，鋤込方法
　　　　　　Ⅵ　根粒菌の接種　イ，根粒菌の一般性状　ロ，根粒菌の種類と其の寄生
　　　　　　　　　　　　　　　ハ，根粒菌接種の効果　ニ，根粒菌接種の方法
　五　魚肥及び其の他の海産肥料

　　　　　Ⅰ　搾粕　イ，種類　ロ，製法　ハ，三要素の形態並びに成分含量　ニ，施用法
　　　　　Ⅱ　乾魚類　イ，種類　ロ，製法　ハ，三要素の形態並びに成分含量　ニ，施用法
　　　　　Ⅲ　其の他の海産肥料　㈠塩虫粕　㈡いさだ粕　㈢ふじこ粕　㈣八ツ手粕
　　　　　　　　　㈤蟹粕（蟹殻）　㈥蝦粕（蝦殻）　㈦烏賊の内臓及び臓粕
　　　　　　　　　㈧魚腸　㈨魚汁　㈩海扇（ほたて）ウロ粕　㈪肝油粕
　　六　骨粉，血粉其の他屠殺場廃棄物類　イ，骨粉　ロ，乾血　ハ，肉粕，内骨粉，タンケージー
　　　　　　　　　　　　　　　　　　　　ニ，蹄角粉，皮粉，毛髪等
　　七　油粕類
　　　　　Ⅰ　大豆粕　イ，大豆粕の種類及び製法　ロ，三要素の成分含量　ハ，大豆玉粕の検査
　　　　　　　ニ，施用法
　　　　　Ⅱ　菜種油粕　イ，種類　ロ，製法　ハ，生産量　ニ，三要素の成分含量　ホ，施用法
　　　　　Ⅲ　其の他の油粕
　　八　糠類
　　　　　Ⅰ　米糠　イ，米糠の品質　ロ，三要素の形態並びに成分含量　ハ，施用法
　　　　　Ⅱ　麦糠
　　九　硫酸アンモニア　イ，概況　ロ，製法　ハ，性質　ニ，成分含量　ホ，施用法
　　十　チリ硝石（硫酸曹達）　イ，概況　ロ，製法　ハ，性質　ニ，成分含量　ホ，施用法
　　十一　石灰窒素　イ，概況　ロ，製法　ハ，性質　ニ，成分含量　ホ，施用法
　　十二　過燐酸石灰　イ，概況　ロ，原料　ハ，製法　ニ，種類　ホ，形態及び成分含量
　　　　　　　　　　　ヘ，可溶性燐酸成分の還元　ト，性質　チ，施用法
　　十三　トーマス燐肥　イ，性質並びに成分　ロ，施用法
　　十四　硫酸加里　イ，製法　ロ，形態及び成分量　ハ，性質
　　十五　塩化加里　イ，概況　ロ，形態及び成分量　ハ，性質　ニ，施用法
　　十六　灰類　イ，概況　ロ，形態　ハ，種類　ニ，成分量　ホ，施用法
　　十七　化成肥料　イ，概況　ロ，性質　ハ，成分　ホ，施用法
　　十八　石灰　イ，石灰の効果　ロ，石灰の種類　ハ，成分含量　ニ，施用法
　　十九　施肥設計法　Ⅰ　施肥設計上の注意　イ，作物との関係　ロ，気候との関係
　　　　　　　　　　　　　　　　　　　　　ハ，土壌の種類との関係　ニ，肥料との関係
　　　　　　　　　　　Ⅱ　施肥量の決定　イ，主要農作物三要素吸収量　ロ，三要素天然供給量
　　　　　　　　　　　　　　　　　　　　ハ，吸収率並びに肥効率　ニ，施肥料の算定

蔬菜園芸講義　北海道帝大教授農学博士　　嶋　　善鄰
　　　　　　　北海道庁技師　　　　　　　宮澤　春水
第一篇　汎論　（嶋　善鄰）
　第一章　蔬菜の意義　第二章　蔬菜栽培の発達　第三章　蔬菜の種類
　第四章　蔬菜栽培の型　第五章　育苗　第六章　露地栽培
　　第一節　土壌及び気候　第二節　土壌の予措　第三節　施肥　第四節　播種及び間引
　　第五節　移植　第六節　除草，中耕，土寄せ　第七節　支柱建，敷藁，す囲
　　第八節　整枝剪定　第九節　作付設計　第七章　促成栽培　第八章　病虫害防除
　　第九章　採取貯蔵　第十章　販売
第二篇　主要蔬菜栽培の実際　（宮澤　春水）
　第一章　加工蔬菜園芸
　　第一節　アスパラガス　第二節　セルリー　第三節　スイートコーン
　　第四節　其の他の加工蔬菜

```
第二章　市場及び輸送蔬菜園芸　第一節　葉菜類　㋑結球白菜（甘藍）（キャベツ）
第三章　　　　　　　　　　　　第二節　根菜類　㋑人参　㋺玉葱
　　　　　　　　　　　　　　　第三節　果菜類　㋑露地メロン　㋺トマト
附録　蔬菜栽培表
```

　教科書は，他に『農機具講義』北海道農事試験場技師　横山偉和夫著，『農業経営講義』小森健治著があったが紙数の関係で省略する。「農機具講義」においては農機具の意義から始まり，機械材料・要素の基礎的な解説，水車・発動機・電動機の出力計算等の解説，最後に各種作業機の解説に相当量の紙数を費やし，当時最新の農業機械の普及を考慮した内容になっている。

　以上のように，作物，蔬菜園芸，土壌，病虫害，肥料，農産加工，農機具と農学の広範囲にわたる内容を講義していたことがうかがわれる。また生徒には岩見沢市に存在した，北海道庁立青年学校教員養成所への進学を指導者が勧誘していたごとく，合格可能な学力を育てるべくこれらの教科書を使用していたようである。しかし，調査対象者は1944（昭和19）年12月に兵役につき，進学の望みは絶たれた。終戦後故郷に帰還し，農業に従事したが青年学校の職業科で学んだ知識及び技能と上記の教科書がその後の営農に大いに役立ったことを重ね重ね述懐していた。

5　おわりに

　調査前から予想されていたことではあったが，青年学校における技術教育（職業科）に関する資料並びに実態把握は困難であった。その原因は，青年学校の設立趣旨にある。すなわちそれまでの実業補習学校と青年訓練所を併合して青年学校としたのは1935（昭和10）年であった。すでに満州事変が1931（昭和6）年，そして上海事変が1932（昭和7）年と引き起こされる中で，青年学校に課せられた目的は，中学校や実業学校等の中等教育機関に進学しない，学校教育機関に属していない若者の「思想善導」であり，兵役前の予備教育機関的役割を担うことにあった。したがって，敗戦後のGHQの調査から逃れるた

めに関係書類は消却廃棄処分されたその結果として資料が少なかったのである。しかし，そのような中で八雲町内の各青年学校，森町の濁川青年学校に関する施設設備や授業計画を把握できる有効な資料が保管されていたのは大きな収穫であった。

　青年学校における「職業科」の内容と，当時生徒だった人たちが，学んだ「職業科」を今日どのように捉えているかを把握することも本調査研究の目的の一つである。職業科は当時の「青年学校教授及訓練科目要旨」にもあるように「……農業　工業　水産その他の職業に就き土地の状況に適切なる事項を授くべし」のもと，地域に密着した内容が課せられていた。その結果，農業事象に関する科学的な捉え方や技能を身につけることが出来たし，地域産業に対する認識や商品の経済的価値に対する認識が深まった。濁川及び大中山青年学校の調査対象者のように，応召による中断があったが，戦後帰還して故郷で営農するにあたっては，青年学校で学んだ知識や技能を駆使して，困難を克服したことが幾度となくあったとのことであった。

　軍国主義のもとでの教育であったが，青年学校令公布前後の一定の期間においては，そこで行われた職業科は，技術教育の重要な柱である技術の科学的知識と技能と職業観を育成する役割を果たした事例があったことを今回の調査で把握出来た。

注及び参考文献

(1)　佐々木享・近藤義美・田中喜美編『新版技術科教育法』学文社，1990年，pp.9-16.
(2)　原正敏・佐々木享編『技術科教育法』学文社，1972年，pp.14-15.
(3)　佐々木享編『普通教育と職業教育』（日本の教育課題第8巻）東京法令出版，1996年，pp.174-185.
(4)　前掲書(3)，p.8.
(5)　清原道寿『昭和技術教育史』農山漁村文化協会，1998年，p.309.
(6)　前掲書(5)，pp.346-349・pp.459-471.
　　　長野県泉野青年学校はワラ細工・木工・農産加工・染色・機織・鍛造等の実習，農業実習としては開墾実習・家庭実習を実施していた．広島県西志和青年学

校は米麦作改良・土地改良・蔬菜栽培・養蚕栽桑を実施していた．企業については芝浦製作所青年学校の例を記述すると，仕上・機械・鍛冶板金・鋳物・木型木工・溶接・電工・巻線絶縁・精密仕上・塗鍍金の10専門科目を用意しそれぞれの職種に応じて実施していた．

(7) 千葉敬止『青年学校原論』(復刻版)，近代日本青年期教叢書第Ⅱ期　青年学校論第5巻，1991年．
(8) 山口啓一『青年学校経営』(復刻版)，近代日本青年期教育叢書第Ⅱ期　青年学校論第7巻，1991年．
(9) 北海道教育研究所編『北海道教育史（全道編）』北海道教育委員会，1960年．
(10) 北海道教育研究所編『北海道教育史（地方編一）』北海道教育委員会，1955年．
(11) 北海道教育研究所編『北海道教育史（地方編二）』北海道教育委員会，1957年．
(12) 山崎長吉『北海道教育史　昭和』北海道新聞社，1981年．
(13) 函館市史編纂室編『函館市史』（通説第二巻），函館市，1990年．
(14) 函館市史編纂室編『函館市史　統計資料』函館市，1987年．
(15) 函館市史編纂室編『函館市史』亀田編，函館市，1978年．
(16) 前掲書(5)，p.345．
(17) 前掲書(13)，p.682．
(18) 函館市史編纂室編『函館市資料集』第十四号，函館教育年表，函館市，1956年．
(19) 濁川開拓百年総務部『濁川開拓百年記念誌　北の桃源郷』濁川開拓百年記念誌事業協会，1997年，p.4．

第 2 章　砂原町・鹿部町・南茅部町・椴法華村・恵山町・戸井町における青年学校の設置と技術教育

林　　博　昭

1　はじめに

　戦前の我が国において，経済状況や労働条件等の理由から，小学校卒業後に勤労を余儀なくされた青年は全体の約8割程度にも及ぶ。したがって，こうした勤労青年に対する教育を目的とした青年学校は，当時の職業教育を考える上で非常に重要な位置づけにあるものと思われる。しかし，当時の授業実践等を含めた実態について，先行研究，文献等ではあまり明らかにされているとはいえない状況にある。この理由は，戦後GHQの査察に関わる焼却処分等により，当時の資料が非常に少ないためであると考えられる。

　これらを踏まえ，本研究では道南地域を調査対象として各町村の青年学校の実態，職業科の実践例等を明らかにすることにより，勤労青年に対する職業教育（技術教育に内包するものであり，以後，技術教育と称する）として果たした役割について考察する。また，そこで行われた実践内容より，戦前における技術教育としての価値について検証していくことを目的とする。

　前章では，道南地域における渡島支庁管内の七飯町，森町，八雲町における青年学校「職業科」の実践例について報告した。これらの実践の幾つかは，農業，畜産を主とする技術教育として，地域勤労青年に対して大きな役割を果たしていたことがうかがえた。本章では，道南地域の中でも水産業を主とした地域として，渡島支庁管内における砂原町，鹿部町，南茅部町，椴法華村，恵山町，戸井町，の計6町村について調査した結果を報告する。また本章では，道南地域における実態調査の視点として，青年学校における技術教育について，制度的側面，経営的側面からの検証を加えることとする。

2 調査対象地域と青年学校

今回調査を実施した青年学校は，砂原水産青年学校（砂原村，現砂原町），鹿部実業青年学校（鹿部村，現鹿部町），尾札部青年学校（尾札部村，現南茅部町），臼尻水産青年学校（臼尻村，現南茅部町），恵山青年学校，古武井青年学校（以上尻岸内村，現恵山町），椴法華青年学校（椴法華村），小安青年学校，汐首青年学校（以上戸井村，現戸井町）の計9校である。

3 青年学校制度からみた「職業科」の特徴

本節では，青年学校において実践された技術教育の実態調査における視点として，制度的な側面から考察した結果を述べる。

戦前の我が国における勤労青年に対する教育機関として，1893（明治26）年に実業補習学校が設立された。これは，小学校卒業後に進学せず，職に就かざるを得なかった勤労青年に対して技術教育，公民教育を施すことを主な目的としていた。これに対し，1926（大正15）年に設立された青年訓練所も勤労青年を対象としていたが，その主な目的は，兵役前の青年に対して軍事教練を施すことであった。しかし，教育内容についてみた場合，青年訓練所においても職業に関する教科が設置されており，また，修身に関する教科，普通学科等も盛り込まれていた。また，その実践は実業補習学校と同様パートタイムで実施されていた。したがって，この両者は制度的に非常に似通っており，各市町村の経営的側面を考慮しても，これらを統合することは自然な流れであったといえる。その一方で，1935（昭和10）年における青年学校の設立によって，勤労青年に対する教育には軍事教練を課すことが義務づけられたわけである。

表2-1は，青年学校男子課程における授業時数について示したものである。職業科に当てられる時数は，普通科においては60時間，本科においては70～90時間で，総時数の3割から4割程度が当てられている。これは，他教科と

表2-1　青年学校男子課程における授業時数[1]

	普通科	本科（1,2年）	本科（3-5年）
職　業　科	60	70	90[※3]
教　練　科[※1]	40	70	70
総　時　数[※2]	210	210	180

※1　普通科では「体操科」，※2　修身科及公民科，普通科を含む
※3　普通学科と総計しての時数

比較しても割合としては多くを占める。

　青年学校における各教科について示されたものとして，青年学校設立時の1935（昭和10）年に文部省より出された，「青年学校教授及訓練科目要旨」（文部省訓令第19号）がある。これによると，「職業科ハ職業ニ須要ナル知識技能ヲ修練セシメ兼ネテ職業生活ノ社会的意義ヲ体得セシムルヲ以テ要旨トス」，また「職業科ハ農業，工業，商業，水産其ノ他ノ職業ノ中ニ就キ土地ノ情況ニ適切ナル事項ヲ授クベシ」（原文における旧漢字は現代漢字に改め，下線は筆者による）との内容規定がなされている。「知識技能ヲ修練セシメ」とは，座学による知識の教授だけではなく，実験実習を通しての，職業に必要な技能の習得を重視すべきと解釈する。従来，パートタイムで夜学の多かった実業補習学校では，施設設備も充分とはいえず，実験や実習が重視されていたとはいえない状況であった。そのため，青年学校では，青年の職業に直接的に役立つ技術教育を目指すものとして，以上のような規定を明記したものと考えられる。しかし，パートタイムという点は変わっておらず，施設設備は，実業補習学校の頃と同様にその多くが小学校等との併設であった。したがって，特に農業，水産を主とする青年学校では，技能の習得を目指した実習の実践に，多くの困難を伴っていたことが考えられる。

　上述した「青年学校教授及訓練科目要旨」は，教科を進めるにあたっての方針等を示したものであり，具体的な教授内容については一切触れられておらず，教授すべき内容については，各学校が地域の産業に対応して独自に教育課程を作成することとされた。これは，青年の職業に直接的に対応させるという

意味では利点であると思われるが，その一方で，学校や地域社会の認識に大きく左右され，技術教育としての一定の水準を保つことがむずかしいともいえる。なお，1938（昭和13）年に「青年学校教授及訓練科目要目」（文部省訓令第27号）が示され，各教科の教授内容について詳述された。しかし，これは青年学校の設立より3年も遅れている。また，この要目はあくまで標準とされ，これにより各青年学校が独自の要目を作成することとされた。よって，青年学校職業科における実践は各学校によりさまざまであり，また，実施状況も大きく異なることが予想される。

　1939（昭和14）年に「改正 青年学校令」（勅令第254号）が示され，青年学校男子課程における就学の義務化が実施された。これには，戦局の激化に伴い，応召前の勤労青年に対して軍事教練を義務づける目的があった。また，1941（昭和16）年には教練科の「教授及訓練科目要目」が改正され，軍事教練はさらに強化された。これに伴い，職業科は物資生産の増強と軍事教練の強化により，次第にその教育的機能が低下したようである。たとえば，1943（昭和18）年における「青年学校ニ於ケル臨時措置ニ関スル件」では，「職業科ノ教授及訓練ニ付イテハ〔中略〕職域勤労ヲ以テ教授及訓練時間トシテ取扱フコト」と明記された。これは，職業科の時数の一部を勤労時間に置き換える措置を規定したものである。

　以上のことから，第一に，青年学校における実践はパートタイムであり，軍事教練等に多くの時間が割かれていることから，職業科に当てられる時数は少ないといえる。第二に，職業科は各地の産業の状況に応じた技術教育を行うことを目的としているが，制度としては非常に緩やかであるといえる。したがって，その実践は各青年学校により大きく異なることが予想され，制度的な側面からだけでは技術教育としての実態を把握することはむずかしい。第三に，1939（昭和14）年における男子課程の就学義務化以降，戦局の激化に伴う軍事教練の強化，物資生産の増強等の理由により，職業科における技術教育としての機能は次第に低下していったことが考えられる。これらは，道南地域の青年学校における職業科の実態にも大きく関わるものと思われる。

4 北海道における青年学校経営の実態

　本節では，青年学校の経営に関して考察した結果を述べることとする。
　表2-2は，北海道及び全国平均における青年学校1校当りの経費予算額と国庫補助金の交付状況についてまとめたものである。
　この結果から，北海道における青年学校1校当りの経費予算額は全国平均に比べて約3分の1程度であり，少ないことがわかる。また，国庫補助金の交付状況も全国平均と比べて北海道は約3分の1である。
　図2-1は，1936（昭和11）年から1942（昭和17）年における北海道の青年学校設置状況の推移を示したものである。この結果より北海道については独立校舎がほとんど存在していなかったことがわかる。独立校舎のもっとも多い1939（昭和14）年においても青年学校数が1,705校に対して独立校舎はわずか22校と約1.3％に過ぎない。
　また，小学校等との併設で，青年学校専用の教室のある学校の割合もほぼ1割から2割程度と低いことがわかる。すなわち北海道において，約8割程度の学校は，青年学校専用の教室をもたない併設校であり，独立校舎の設置校はごくわずかなのである。小学校との併設の場合，教室等は小学校のものを借用する例が多かったことが予想される。また，技術教育として実験実習を行うための施設設備についても不十分であったことが考えられる。清原（1998）によれば，「〔小学校との併設は〕経済的にも安上がりであるので，実業補習学校とい

表2-2　経費予算額と国庫補助金の1校当り平均額の比較

	昭和10年度	昭和14年度	昭和16年度
予　算　額　（全　国）	1528円	2529円	4449円
経 費 予 算 額 （道）	561円	827円	1267円
国 庫 補 助 金 （全国）	165円	236円	342円
国 庫 補 助 金 （道）	55円	72円	102円

※昭和10年度－昭和16年度「青年学校ニ関スル調査[(2)]」より作成

(校数)

図2-1　北海道における青年学校設置状況の推移
※昭和11年度－昭和17年度「青年学校ニ関スル調査」より作成

	昭和11年	昭和12年	昭和13年	昭和14年	昭和15年	昭和16年	昭和17年
独自校舎設置校数	13	9	9	22	14	19	19
併設学校数（専用教室有）	220	254	261	286	232	241	261
併設学校数（専用教室無）	1348	1344	1377	1397	1505	1533	1536

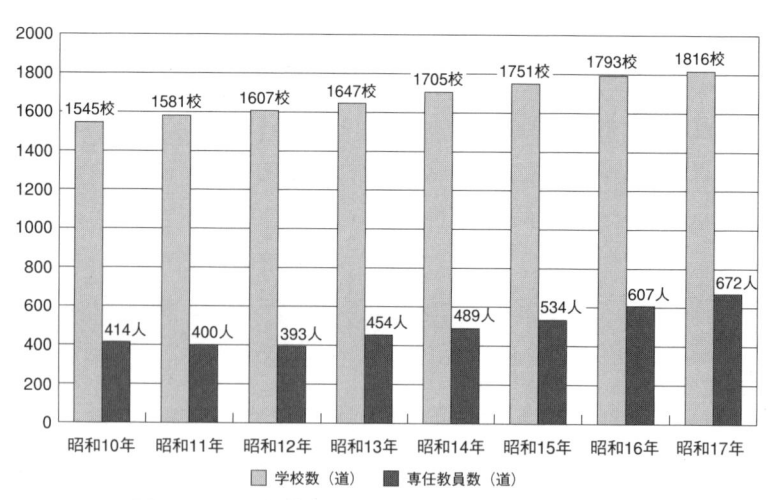

図2-2　北海道における青年学校数と専任教員数
※昭和10年度－昭和17年度「青年学校ニ関スル調査」より作成

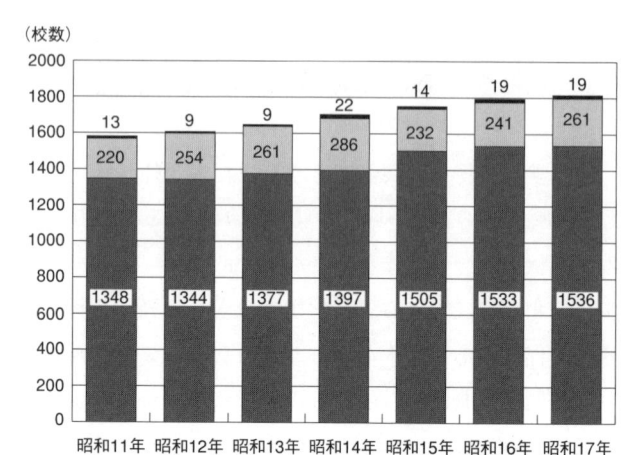

	昭和10年	昭和11年	昭和12年	昭和13年	昭和14年	昭和15年	昭和16年	昭和17年
学校数（道）	1545校	1581校	1607校	1647校	1705校	1751校	1793校	1816校
専任教員数（道）	414人	400人	393人	454人	489人	534人	607人	672人

えば，小学校の施設を利用するのが常識化し，独立校舎を新しく設置することは少なかった」また，「〔こうした理由により〕教育諸条件の整備が全く不十分

であった[(3)]」と述べている。これらを踏まえても，青年学校の多くが小学校等との併設であるという事実は，職業科における技術教育に少なからず影響を与えていたものと考えられる。

　青年学校は，前述のように小学校等との併設校が多いが，教員についても小学校との兼任の教員（以下，兼任教員と称する）の場合と，青年学校専任の教員（以下，専任教員と称する）の場合がある。青年学校は勤労青年を対象とした社会教育機関であり，小学校等の学校教育とは性格や対象年齢が大きく異なる。そのため，小学校との兼任で，青年学校についての専門的知識をもたない教員に比べ，青年学校の専任教員が配置されていることが望ましいといえる。

　図2-2は，北海道の青年学校における学校数と専任教員数について示したものである。この結果によれば，北海道において青年学校の専任教員は大変少なく，青年学校数にも満たない状況であることがわかる。専任教員数のもっとも少ない1937（昭和12）年においては，青年学校数のわずか24.5％となっており，概算しても青年学校4校につき3校は専任教員が不在ということになる。なお，専任教員数のもっとも多い1942（昭和17）年においても，青年学校の37.0％に過ぎず，やはり青年学校3校につき2校は専任教員が不在という結果である。なお全国平均では，1935（昭和10）年において，青年学校数が16,679校に対して専任教員数は16,941名と，1校につき専任教員1名の計算になる。また，これより専任教員は増え続け，1942（昭和17）年には，青年学校数が18,936校に対して専任教員数は43,469名と，計算上1校につき2～3名の専任教員が，配置できるまで増員された[(4)]。したがって，北海道における専任教員の不足は特に深刻な状況であったといえる。

　施設設備の不備や専任教員の不足の問題は，北海道における青年学校の経費予算の不足が大きな要因となっている。これらは，道南地域の青年学校における技術教育の実践に，大きな影響を与えていたものと推察される。

5 道南地域における調査結果

5.1 調査地域における青年学校について

　対象地域の6町村における各青年学校の調査は，計8校，聞き取り調査は13名に対して実施した。その結果，調査したすべての青年学校は小学校に併設されていた。したがって，技術教育としての特別な施設はほとんどの学校で設置されていなかったが，臼尻水産青年学校では職業科専用の実習室が設置されていた。これは，漁師が過去に使用していた番屋を改造したものであった。なお，臼尻水産青年学校では，地元漁師の協力により，乗船実習として使用する漁船が用意されていた。これらは，少ない経費の中でも地域社会の協力により施設設備の不足を補っていた例として注目すべきものである。

　職業科の担当教員は小学校との兼任教員，水産学校出身の代用教員，地元船頭の方や青年団の先輩等による指導員とさまざまであった。なお，職業科を担当した専任教員は今回の調査においては皆無であった。

　なお，鹿部町教育委員会において，鹿部実業青年学校の「学則」「学校臺帳（所在地，沿革，施設設備，教員の配置状況，生徒数等を記載したもの）」等が保管されていた。これにより，まず鹿部実業青年学校の「学則」の一部について，以下に示すこととする。

> 鹿部村立鹿部実業青年学校学則（原文における旧漢字は現代漢字に改める。下線は筆者による）
> 第一条　本校ハ青年学校令ニ依リ設置シ青年ニ対シ其ノ心身ヲ鍛錬シ特性ヲ涵養スルト共ニ職業及実際生活ニ須要ナル知識技能ヲ授ケ以テ国民タルノ資質ヲ向上セシムルヲ目的トス
> 第二条　本校ハ鹿部村立鹿部実業青年学校ト称シ鹿部尋常高等小学校ニ併設ス
> 第三条　本校ニ男子部及女子部ヲ置キ各部ノ課程ヲ普通科，本科，研究科ニ分チ其ノ教授及訓練期間並入学資格ヲ定ムルコト左ノ如シ

	男子部	女子部	入　　学　　資　　格
普通科	―	二年	尋常小学校卒業者又ハ之ニ相当スル素養アル者
本　科	五年	二年	高等小学校及普通科ヲ卒業シタル者又ハ之ニ相当スル素養アル者
研究科	一年	二年	本校本科卒業者又ハ之ニ相当スル素養アル者
専修科	―	五月	

　第四条　各部各年ノ教授及訓練科目並ニ其ノ程度及時数左ノ如シ
　　男子部

学科目	程　　　度	第一年	第二年	第三年	第四年	第五年	研究科
修身及公民科	道徳ノ要旨, 公民心得	25	25	25	25	25	25
普通学科	数学, 国語, 地理, 歴史, 理科, 音楽等ヲ結合シ土地ノ情況ニ応ジタル適切ナル事項	55	55	95	95	95	80
職業科	水産業及経済ニ付キ土地ノ情況ニ応ジタル適切ナル事項	70	70				
教練科	教練（体操, 武道, 競技ヲ含ム）	90	90	90	90	90	90
合　計		240	240	210	210	210	160

　　　　　　　　　　　　　　　　　　　　（女子部については省略）

　第五条　前条教授及訓練科目中其ノ一科目又ハ数科目ニ付相当年課程ヲ修了シタル者同等以上ノ学力アリト認メタル者ニ対シテハ当該ニ於テ之ヲ課セザルコトヲ得

　以上が，鹿部実業青年学校の学則の一部である。これらの学則は，原則として「青年学校令」に則して作成されたものであるといえる。たとえば学則第一条は，「青年学校令」第一条とほぼ同様の内容である。しかし，鹿部

実業青年学校においては普通科男子部が存在していない。したがって、勤労青年男子は本科よりの入学となる。職業科における授業時数、教授項目については、学則第四条に記述が見られる。男子における職業科の授業時数についてみると、第一、二年においては70時、第三年から第五年においては普通学科と総合して95時と規定されている。「青年学校規程」第八条（表2-1参照）における最低時数が第一、二年においては70時、第三年から第五年においては普通学科と総合して90時と規定されているから、第三年から第五年における時数が、最低時数よりも5時間多いことになる。

また、教練科の時数については各年90時であり、最低時数の70時を20時間上回っている。時数の合計をみても、各年の最低時数よりも30時間上回っている。また、職業科の教授項目については、水産が主とされていることがわかる。

次に、鹿部実業青年学校の1936（昭和11）年における学校臺帳により、男子生徒の状況について述べる。まず、この年の男子における就学状況については青年学校への就学対象者が94名でうち就学者数が87名となっており、92.6％の入学率である。この状況は、男子のみの就学義務化以前としては非常に高い数値であるといえる。なお、青年学校生徒の男子における職業別割合について図

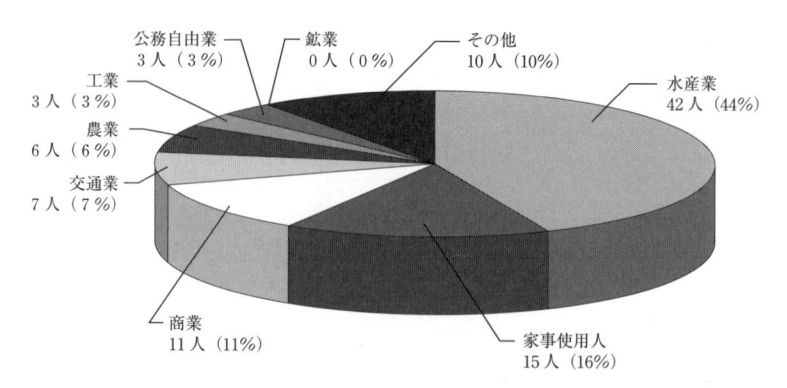

図2-3　昭和11年度における鹿部実業青年学校
男子生徒数87名の職業別割合

※ 昭和11年度「学校臺帳」より作成

2-3に示す。この結果によると，昭和11年度における生徒については，水産業に従事する勤労青年がもっとも多く（44％），次いで家事使用人（16％），商業（11％）となっている。農業，工業については，それぞれ6％，3％と少ないことがわかる。この結果からも，青年学校の職業科は水産に関するものが主となっていることは当然であるといえる。

　施設設備の状況として，校舎については，実業補習学校からの継続で尋常高等小学校に併設されている。なお専用教室が2室，裁縫室が1室，屋内体操場が1室設置されている。専用教室以外は，小学校との兼用であると思われる。教員の配置状況については，小学校との兼任教員が4名（校長を含む）でうち3名が助教諭，1名が指導員である。専任教員は2名で，担当教科は女子における家事及裁縫科である。教練担当の指導員は3名である。

　次に，鹿部実業青年学校の経費等に関する状況であるが，昭和11年度経費予算額が2,261円である。うち，俸給及び手当が1,476円，設備費が250円，その他に435円が計上されている。教員に対する俸給の割合が非常に高いが，これは専任教員が2名いたためであると考えられる。なお，昭和10年度における国庫及県費補助金の交付額が4,853円である。これは，北海道における1校当り平均の経費予算額と国庫補助金の交付状況（表2-2参照）と比較すると，昭和10年度における1校当りの経費予算額が561円，国庫補助金の交付額が55円であることから，大きく平均を上回っていることがわかる。鹿部実業青年学校における実践は，経費の面からも非常に恵まれた状況にあったといえる。

　尻岸内村（現恵山町）における青年学校に関しては，尻岸内町史に青年学校初年度における入所歩合や出席歩合についての記述がある。表2-3に，その内容をまとめた。なお，青年学校初年度である昭和10年度は昭和14年度における男子課程の就学義務化以前である。しかし，日浦青年学校，古武井青年学校においては100％の就学率であり，全体としてみても入所該当者の90％が入所している。このことを考慮しても，昭和10年度における尻岸内村の各青年学校の入所率は非常に高かったといえる。また，出席率については，当時の勤労青年の労働条件等を加味しても，90％以上という数値は非常に高い値であったと

表2-3 尻岸内村各青年学校における昭和10年度入所歩合と出席歩合

学 校 名	入 所 歩 合			出 席 歩 合		
	入所該当者数	入所者数	入所歩合	訓練延日数	出席延日数	出席歩合
日浦青年学校	43	43	100.00	3,365	3,325	98.81
尻岸内青年学校	108	83	76.85	10,501	9,432	89.83
古武井青年学校	64	60	93.75	4,799	4,678	97.47
恵山青年学校	89	89	100.00	11,763	11,220	95.38
合　　　計	304	275	90.00	30,428	28,655	94.17

※「尻岸内町史」p.722における表を元に作成

いえる。この理由としては，まず軍事教練における陸軍の査閲により生徒の出席が向上したこと[5]，勤労青年の職業は水産業に集中しているため，出席しやすい日程を決定するためには，計画を立て易すかった等が考えられる。そして，なにより尻岸内村における勤労青年の青年学校に対する意識が高かったことが大きな要因であると推察する。

なお町史には，「昭和十六年の太平洋戦争はいよいよ青年学校を一種の地方軍隊にまで強化した観があり，青年学校は実に荘丁の準備訓練の期間だったのである[6]」(下線 筆者) との記述がある。これは，太平洋戦争の激化に伴い職業科，普通学科等の各教科の割合が減り，教練科（軍事教練）の占める割合が非常に大きくなったためであろう。これ以降になると青年学校は一般教育や技術教育の教育的機能が次第に低下し，これに伴い職業科も衰退していったものと推察しているが，尻岸内村においてもこうした傾向があったことが十分に考えられる。

5.2 調査地域における水産業の状況

調査地域における産業の状況は，青年学校職業科における技術教育と密接に関係していることが考えられる。したがって，産業の状況を明らかにしておくことは，青年学校における技術教育を明らかにする上でも非常に重要な要素であるといえる。本章における調査地域である，砂原町，鹿部町，南茅部町，椴

法華村，恵山町，戸井町の計6町村は，いずれも水産業を主体とする地域である。そこで，調査地域における昭和初期の水産業の状況について，各町村史等を参考としてまとめることとする。

調査対象地域における水産業として，盛んであったのが昆布採集漁業である。特に，真昆布の生産は全国的にも有名で，恵山から南茅部，鹿部，砂原沿岸のものは，肉質が白く光沢や風味のうえで勝ることから「白口浜」，「白口もの」と呼ばれていた。また，茅部産とも呼ばれて昆布の王者とされ，1936（昭和11）年における天皇行幸の際にも献上品として用いられたということである。真昆布は，一日干しが望ましく，好天を待って採取し乾燥する。良い昆布は良い乾燥場で干されるということで，漁家は昆布浜に砂利を入れるといったことを怠らなかったということである。

大正から昭和初期にかけてはイカ釣り漁業が盛んとなる。特に，昭和初期においては焼玉エンジン等の動力による発動機船が使用されるようになり，漁獲高は急激に増大した。1934（昭和9）年にはイカ釣り漁業の大半は発動機船による操業になり，この年には，尾札部村が発動機船約70隻，臼尻村は約40隻所有していたということである。またイカを利用したスルメの加工が盛んとなった。図2-4に尾札部村のスルメ生産量の推移について示す。1938（昭和13）年における尾札部村のスルメ生産量は157,927貫，生産額にして473,781円にもなる。これは昭和に入ってからもっとも多い数値であり，1937（昭和12）年と比較しても生産量，生産額ともに約5倍の増加である。なお，動力船の普及により，昭和初期のイカ釣り漁業は南茅部町，椴法華村，恵山町，戸井町で盛んとなった。

タラ釣り漁業は，鹿部町，南茅部町，椴法華村，恵山町で盛んであった。タラ漁には，江戸時代から刺網や手釣りが用いられていたが，明治時代から次第に延縄漁法が行われるようになった。昭和初期には発動機船の普及もあって，底引き網漁法により漁獲の拡大があった。しかし，これに伴う乱獲や，稚魚，幼魚の保護に力を入れなかったことなどにより漁獲資源が大きく低下し，戦後になってもこの不振は長く続いたようである。タラの多くは，開鱈（ひらきタ

(貫)

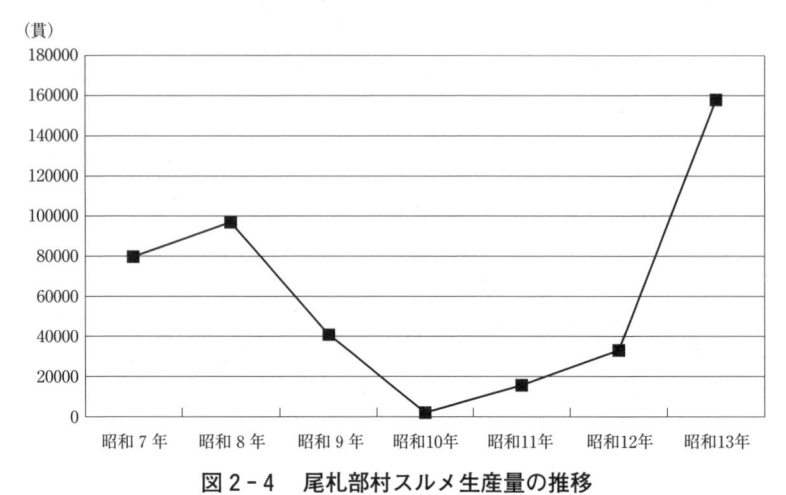

図2-4 尾札部村スルメ生産量の推移
※「南茅部町史 上巻」pp.997-998における数値を元に作成

ラ）等に加工された。また，臼尻村（現南茅部町）では，タラ肝油の製造が明治期に入って試みられるようになった。肝油とは魚の肝臓から取れる脂肪油のことで，ビタミンAを豊富に含む食品である。1877（明治10）年には，臼尻村に北海道初の官営のタラ肝油製造所が作られている。肝油の製造方法は，生タラから肝臓を摘出して大釜で煎り，これを冷却させて脂肪分を凝固させ，溶解したうえ沈殿したものをろ過して脂肪分を取り出すというものであった。

明治から大正期にかけては調査対象地域の多くでイワシ漁業が盛んとなっている。特に，南茅部町では大正から昭和初期にかけてイワシの豊漁が続いた。漁法としては，巻き網によるものが多く，1935（昭和10）年には網を巻くための大型の動力が導入された。これに伴い，尾札部村（現南茅部町）では日本油脂株式会社がイワシ粕工場を経営していた。また，臼尻村では村外（函館，東北地方など）からの出稼ぎが急増し，好景気に沸いた。なお，戸井町，鹿部町では昭和初期における漁獲高の中でもっとも多く，やはりイワシ粕に加工されていた。これらは，畑作における肥料として，本州方面に出荷されたとのことである。

以上のように，調査地域における水産業は，昆布，イカ，タラ，イワシが主流となっていた。なお，これらの漁業は，昭和初期における動力船の導入により大きな変化を遂げたことがわかる。また，調査地域における青年学校に在学していた勤労青年の多くは，これらの水産業に従事していたものと思われる。したがって，青年学校における技術教育としての実践にも大きく関わるものと考えることができる。

5.3 職業科における実践について

次に，調査により得られた職業科の実践例について，以下に示すこととする。

5.3.1 漁網に関する内容について

漁網に関する指導は，調査した青年学校でもっとも多く行われていた実践である。内容としては，網地の作り方や建て方，修理の仕方，ロープの結び方等について実習あるいは座学により行われていた。網地の作り方で特に重要なのは，脚と脚を繋ぐ結節である。図2-5に結節の種類について示す。鹿部実業青年学校，小安青年学校（戸井村，現戸井町）では図2-5右上のヨーロッパ

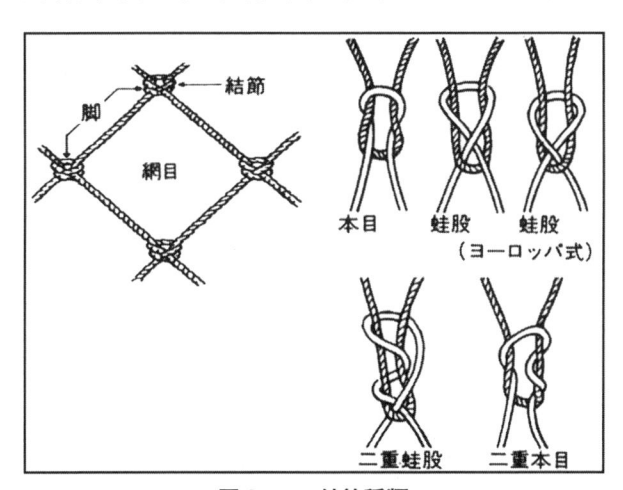

図2-5 結節種類
※『世界大百科事典7』平凡社（1988）pp.438より引用

式の結節について教授されていた。なお，この方法は当時「西洋結び」と称していたようである。

また，漁網に関するその他の内容として，数学的な知識に基づく教授が行われている例があった。たとえば，尾札部青年学校では，網地の建て方について，ピタゴラス（三平方）の定理を用いて土俵（網地を支える重り）を落とす位置を割り出すといった内容が行われていた。これは，網地の位置，網地と土俵との距離により，土俵の落とす位置を求めるものである。具体的な方法について図2-6に示す。ロープの長さは深さの約3倍にするのが一般的だという。図2-6において，「深さ」：「網地との距離」：「ロープの長さ」= 30：Y：90と設定すると，三平方の定理より $Y = \sqrt{8100 - 900}$ の値は約85mとなり，土俵は網地から約85m離れた位置に落とすと良いということになる。こうすることで，ロープがたるまず網地が崩れにくくなる。

こうした内容が座学により教授されていた。海底や海流の状況を熟知している船頭の才覚により，この基本原則に多少の変化が付加されたという。

鹿部実業青年学校では，網地の作り方について，「縮結（しゅっけつ）」（「いせ」，「よせ」あるいは「かきこみ」とも称する。今回の聞き取り調査では「いせ」と称していた）に関する指導があった。網地を仕立てるときに適当な網地の広がりを施すことを「いせ」を入れるという。「いせ」には内割と外割があるが，日本では一般的に内割を用いる。「いせ」を入れると，網地の長さ（縦

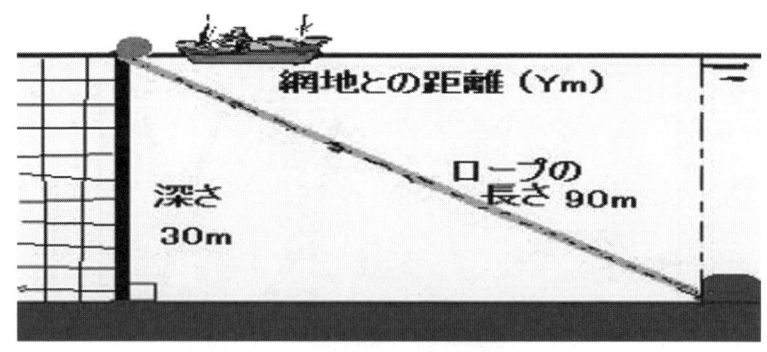

図2-6　土俵を落とす位置の割り出し方

の長さ）は元の状態よりも短くなる。このとき，網地の元の長さを Lm，「いせ」を S 割（内割）入れた状態での網地の長さを L'm とすると，以下の式が成り立つ[7]。

$L' = L(10-S)/10$ …(1)　または　$L = 10L'/(10-S)$ …(2)

たとえば，図2-7のように，網地の元の長さが10mであるとする。これに4割の「いせ」を入れたとすると，(1)式より「いせ」を入れたときの網地の長さは6mとなる。また，4割の「いせ」を入れた状態での網地が10m必要であるとすると，(2)式より網地は約16.7mとなり，元の状態で約7mほど余分に残してカットしなければならないということになる。

これらの内容は数学の知識に基づいたものであり，日常，見聞していた網地が科学的知識の裏付けのもとに建てられていたことを認識した青年学校の生徒にとっては大きな意義があった。

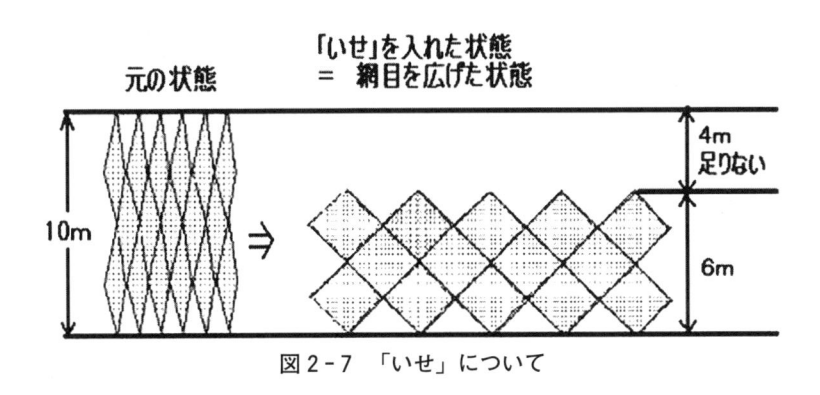

図2-7　「いせ」について

5.3.2　水産加工品に関する内容について

臼尻水産青年学校では，とろろ昆布の加工やサンマの燻製加工の製造実習が行われた。この学校では，職業科専用の実習室が設けられており，教員は水産学校出身の代用教員であった。したがってその実践は非常に専門的であり，また水産物に対して付加価値をつける意味でも非常に貴重な実践であったといえる。特に臼尻村（現南茅部町）は，「白口もの」の中でも最上級の「茅部産」といわれた真昆布の産地であった。

尾札部青年学校では，タラの肝油精製の実習が行われていた。尾札部村（現南茅部町）は，タラ肝油の代表的産地であった。したがって，この実践も地域産業に十分対応したものであるといえる。またイワシから魚油を精製する実習も行われ，この魚油を利用し，発動機船の燃料として使用する試みも実施された。これらの実習は小学校との兼任教員により行われたが，調査対象者によれば，この教員は化学的専門知識の豊かな方であったとのことである。

5.3.3 タラ漁業に関する内容について

臼尻水産青年学校では，タラの延縄漁法について乗船実習による指導が行われた。延縄漁法は，一本の幹縄に多数の釣り針のついた長縄を結んだ漁具を用いる漁法である（図2-8参照）。これにより，調査地域の青年学校において，乗船実習により指導を行った例があったことが明らかとなった。

5.3.4 発動機に関する内容について

尾札部青年学校では，発動機について「発動機読本」（写真2-1参照）という専門書を用いた授業が行われていた。内容は専門的で，特にイカ釣り漁に携わる青年にとっては有効的な内容であったようである。昭和初期においては，発動機船の普及によりイカの漁獲が増大し，漁師として働く青年にとっては，こうした知識も職業に必要となった。この実践は，また当時の青年に対する技

図2-8　延縄漁法について参考資料
URL http://www.town.nachikatsuura.wakayama.jp/frhaenaw.html　（2002.1.16現在）

術教育としても価値の高いものであると推察する。以下に，「発動機読本」の目次について示す。

写真2-1　尾札部青年学校にて使用された「発動機読本」
（漁船機関士協会 1938）

「発動機読本目次」（原文における旧漢字は現代漢字に改めた）
第1章　序論
　尺度　面積及び容積　重量及び角度　熱（ヒート）力及び仕事
　燃料及び潤滑油
第2章　発動機の原理
　機関の種類と循環運動　工程及び効率　圧縮圧力と圧縮比
第3章　機関の主要部分
　シリンダ（気筒）　ピストン（吸鍔）　ピストン・リング（吸鍔弾環）
　連杆（コンネクチング・ロッド）　クランク軸（曲拐軸）
　ハズミ車（フライ・ホイール）
　ベッド，クランク室及び主軸受（メーン・ベヤリング）
第4章　弁（バルブ）及び弁機構

弁（バルブ）　弁開閉装置　バルブ・セッチング（弁調整）
第5章　燃料供給
　　石油供給装置　石油気化装置　調速器（ガバナ）
第6章　点火装置
　　点火法の種類　電気点火　焼玉点火　自然点火　点火の時期
第7章　諸付属装置
　　消音装置　冷却装置　潤滑装置　起動装置　推進装置　傅達及び逆転装置
第8章　ボリンダ型石油発動機
　　構造　運転　故障
第9章　発動機取り扱いに関する注意事項
　　機関室に関する一般注意　機関室用品
第10章　ヂーゼル機関
　　ヂーゼル機関の原理　シリンダ　ピストン　シリンダ蓋　連杆　クランク軸
　　ベッド　クランク室　ハズミ車カム及びカム軸　弁　弁の開閉　燃料ポンプ
　　調速器　燃油濾過器　潤滑油　潤滑油ポンプ　潤滑油冷却器冷却水ポンプ
　　推力軸受　直接逆転
第11章　漁船用ヂーゼル機関運転法
　　起動前の準備及び注意　起動　運転開始後の注意　運転中の注意　停止
第12章　運転中各種の故障原因
　　機関の起動困難なる場合　起動空気で回っても点火せぬ場合
　　運転中排気不良の場合　各シリンダの出力不平均の場合
　　機関の出力減少の場合　機関の回転数が低下する場合
　　運転中ノッキングする場合　機関が突然停止した場合
　　機関を直に停止すべき場合

　以上が，「発動機読本」の目次である。この本は，全239頁であり，その内容は尾札部村の漁船に利用されていた焼玉エンジン，また当時としては新しいディーゼルエンジン等にも言及している。基礎的な熱力学の説明，機関の各部構造の解説，燃料供給装置及び各種の点火装置そして機関運転法や故障原因を詳細に説明したものである。機関の基礎的基本的事項と実用に供して必要な事項が解説されている。現在のように，メンテナンスが分業化されている時代ではなく，利用者の責任で処置しなければならなかった時代である。なによりもエンジン付き故に，より沖合で操業する機会が多くなった。そのような時，エンジントラブルが発生してそれを正常に回復出来なければ，乗組員たちの生命

を危うくすることにもなりかねない。第11・12章の説明は実利的である。拝借した同書のページをめくると，所どころに赤鉛筆で線が引かれており，熟読されていた様子をうかがうことができる。取材に応じてくれた方の話では，同書は非常に高度な内容が載せられていて，実際の職業にもかなり役立っていたとのことである。同書は，おそらく青年学校用に作られた教科書ではなく，漁師あるいは専門の機関士を対象とした専門書であると考えられる。また，これらの専門知識が土台となって，魚油の燃料利用等に応用されていたのである。尾札部青年学校の職業科ではこのような高度な内容の教授が行われており，こうした実践は，技術教育としての視点からも非常に価値の高いものであると推察する。

5.3.5 海図，羅針盤の見方について

恵山青年学校では，海図や羅針盤（写真2-2参照）の見方についての授業が行われた。

担当教員は，元欧州航路の船長で指導員として招かれていた。授業は，夜間で小学校の教室を利用して行われた。これらの内容は，生徒達にとって非常に新鮮で，強く印象に残っているとのことである。なおこの当時は，動力船の普及により漁場が拡大した。したがって，漁師にとってはこうした知識も必要となったが，他に学ぶ機会がほとんどなかった地域青年にとって，これらの知識

写真2-2　昭和30年代北洋サケ・マス独航船にて
使用されていた羅針盤
（資料提供　函館市立北方民族資料館）

は実際の職業に大きな役割を果たした。また，船舶免許取得にも大いに役立ったとのことであった。

以上が，職業科における実践についての調査結果である。これらの調査結果より，その実践は各学校によりさまざまであることがわかる。しかし電話での取材段階では，「実際には軍事教練の割合が多く，職業科の実践はほとんど記憶に無い」という方も少なくなかった。また傾向として，1939（昭和14）年における男子課程の就学義務化以降に，職業科の実践があまり行われなかった学校が多いようである。

たとえば，1942（昭和17）年入学者への聞き取り調査によると，砂原水産青年学校においては教練科（軍事教練）が主で職業科はほとんど実践されていないことが判明した。また，生徒がイワシの缶詰工場に出向し，勤労奉仕を行っていた。これには，「3」で述べた「青年学校ニ於ケル教授及訓練ノ臨時措置ニ関スル件」（昭和18年）が大きく関わっているものと思われる。これは，物資増産の為に，職業科の時数を青年の勤労時間に置き換える措置を規定したものである。したがって，砂原水産青年学校生徒が行った勤労奉仕は，兵士に対する食糧供給等の目的の為に駆り出されていたのではないかと推察される。

6 調査結果についての考察

最後に結論として，本報における調査結果に関する考察について，以下に述べる。

① 調査対象地域における青年学校の実態は，各学校によりさまざまであった。これは，青年学校制度が各地域における勤労青年の労働条件や職業の状況等に柔軟に対応できるように，比較的緩やかで自由寛容に構成されていたことが大きな要因となっているといえる。たとえば，青年学校における実践はパートタイムであり，補習教育として勤労青年の労働時間外に行うものとされていた。したがって，調査対象地域においても，夜学による実践，盛漁期以外の時期を利用した実践等，各学校によりその実態はさまざまであった。しかしこれ

は，一方では，各地域の状況に柔軟に対応できる意味で利点であると思われるが，他方では，その実践が各学校の方針に左右される意味で欠点にもなる可能性がある。また地域社会の青年学校に対する認識も，その実践を大きく左右すると考える。教練科においては各地域とも重視されていたようであるが，これは当時の時代背景により，国防意識の強化と兵員の増強が大きな目的とされていた為である。しかし，その他の教科については各青年学校によりその意識の違いが明確にみられる。したがって，各青年学校の実態を考慮した場合，こうした自由寛容な制度が一概に良いとはいい得ない。

② 調査地域における青年学校は，そのすべてが小学校との併設であり，独立校舎が設置されていた学校は皆無であった。また，その施設設備はほとんどが小学校の施設を利用したものである。したがって，職業科における授業も，夜間において小学校の教室を利用していた例が多くみられた。これは，北海道における青年学校の設置状況について，その多くが青年学校専用の教室をもたない併設校であることが，調査地域における実態にも現れていた。したがって調査地域においても，その施設設備は決して十分なものではなかったといえる。これは，青年学校において重要視されていた実際的な知識技能を養う上で大きな欠点であると考えられる。しかし，臼尻水産青年学校では，番屋を改造した，職業科専用の作業室を利用しての魚網の修理や水産加工実習，地元漁師の協力による乗船実習等，他の調査地域と比較してその実践は技術教育として大変充実していた。青年学校の施設設備には，各地域における経費不足の深刻な状況が大きな要因となっているが，本調査によって，地域社会の協力によりこうした状況を克服した例があったことが明らかとなった。

③ 調査地域における青年学校教員は，そのほとんどが小学校との兼任であった。また，教練科については全国的な傾向と同様に在郷軍人による指導であった。しかし，職業科の教員については各学校によりさまざまであった。なお，職業科を担当する専任教員は皆無であったが，技術教育の実践としての視点でみた場合，一概に専任教員でなければ優れた実践が不可能とはいい切れないと考えられる。確かに，青年学校は勤労青年を対象とした社会教育機関であ

り，また青年に対して補習教育を行うという意味でも特殊な学校であるといえる。したがって，専任教員の配置は望まれる所であるが，職業科の実践に関しては，地域の産業に精通していれば，免許を取得していない代用教員や指導員であっても有効的な実践を行うことができる場合がある。そしてこうした指導者から教授された知識技能が，勤労青年に対する技術教育として大きな役割を果たすことが十分に考えられる。

④　調査地域における各青年学校職業科の実践内容は，地域産業の状況に十分対応したものであった。本研究においては水産業を主体とした各地域について調査を行ったが，そこでもっとも多く実践されていたのは魚網に関する内容であった。また，臼尻水産青年学校ではタラ漁業に関する内容や，とろろ昆布等の水産加工実習が行われていたが，これらはやはり臼尻村（現南茅部町）を代表する産業であった。また，尾札部青年学校では漁船の発動機に関する指導が行われ，恵山青年学校では海図，羅針盤の見方に関する指導が行われている。これらは，当時の漁業に発動機が普及し，漁場が拡大したことに対応している。このように，青年学校職業科における実践は地域産業と非常に密接に関わっており，勤労青年に対して，技術教育として大きな役割を果たしていた例がみられる。

⑤　技術教育としての視点でみた場合，魚網に関する指導で「いせ」について取り上げられていた学校がいくつか見られた。また尾札部青年学校では，魚網の建て方について，ピタゴラス（三平方）の定理の知識を用いて土俵（重り）を落とす位置を割り出すといった内容が実践されていた。これらの内容は，数学的な知識に基づく実践である。また，尾札部青年学校では，発動機について，高度な専門書を用いた教授が行われていた。したがって，こうした実践は，技術教育として科学的知識に基づく価値の高い内容であったといえる。

7 おわりに

　青年学校は1935（昭和10）年に設立され，わずか13年間という短い期間を経て，1948（昭和23）年に正式に廃止された。しかしこの13年の間に，日本は日中戦争に突入し，太平洋戦争，そして日本の敗戦と激動の時代を駆け抜けたのである。

　当時在学者であった方々は，現在では80歳前後の高齢であるが，その当時は地元産業に従事する勤労青年として，必死に戦中を生き抜き，また兵役につき，戦後帰還された方々でもある。こうした方々への取材の中で，戦中そして戦後の復興へと，青年たちが一丸となって地域産業のために努力を傾注した当時の状況を静かに語る様子は，非常に印象的なものであった。また当時において，勤労しながらもなお青年学校の夜学に通うことは非常に困難なことであったにもかかわらず，地域によっては青年学校での授業以外にも組織された青年団が中心となって自主的に勉強会が行われる等，当時における青年の学業に対する意識は大変高かった。

　このような激動の時代を生き抜き，戦後の復興に携わった方にとって，青年学校の存在は非常に大きかったものと考える。また，そこで行われた技術教育は，戦前，戦中のみならず，戦後の地域の復興にも大いに役立てられたことがあったと考える。確かにその実践は地域によってさまざまであったが，こうした方々のお話からは，どの地域においても同じく生活の厳しさの中を生き抜いた当時の苦労がうかがえた。

　青年学校は，資料の焼却処分等が理由となって，現在においてもその実態があまり明らかにされているとはいえない。同年代者数に対する青年学校就学者数の占める割合（「1　はじめ」にでも記述したごとく約8割）を考慮しても，そこで実施されていた技術教育が，在学者たちの地域産業に対する科学的認識と技能を深めまた職業観の形成に大いに寄与したといえる。これは，我が国における技術教育の歴史として，見逃すことの出来ない史実である。青年学校の

教科「職業科」の実態は，我が国における技術教育史の一端として，今後も明らかにされていくべきであると考える．

注及び参考文献
(1) 1935（昭和10）年4月1日付公布「青年学校規程」第8条の第1号表及び第3号表による．
(2) 近代日本青年期教育叢書 第Ⅶ期 第4巻『青年学校・青年学校教員養成所ニ関スル調査』（日本図書センター， 1993年）に所収．
(3) 清原道寿『昭和技術教育史』農山漁村文化協会，1998年， pp.323-325．
(4) 昭和10年度および昭和17年度における「青年学校ニ関スル調査」（前掲書3）より算出した．
(5) 教練科における査閲については，1935（昭和10）年に出された「青年学校教練科等査閲令」（勅令249号）および「青年学校教練科等査閲規程」（陸軍省令第8号）等にて規定されている．
(6) 尻岸内町史，尻岸内町，1970年， p.722．
(7) 参考　文部科学省編，平成13年度版高等学校用教科書，「漁業」『平成13年』pp.168-169．野村正恒『最新漁業技術一般』成山堂書店，1985年， pp.48-49．

第3章 北檜山町・大野町・上磯町における青年学校の設置と技術教育

井 上 平 治

1 はじめに

　本章においては，北海道における青年学校の教員養成機関であった北海道庁立青年学校教員養成所の卒業生と，北檜山町，大野町，上磯町の各町に存在した青年学校に在籍した経験者への聞き取り調査を実施したので，その結果について以下に報告する。

2 北海道庁立青年学校教員養成所

　1923（大正12）年4月に開所した北海道庁立実業補習学校教員養成所がその前身で，1935（昭和10）年4月1日公布の勅令第41号の「青年学校令」に伴い，その教員を養成する機関の「青年学校教員養成所令」（勅令第47号）が公布され，校名を北海道庁立青年学校教員養成所と改称した。翌1936（昭和11）年2月21日庁令第7号をもって学則が改正され，修業年限2ヵ年となった[1]。それまでの北海道庁立実業補習学校教員養成所の修業年限は1ヵ年であった。付言すると，北海道教育大学岩見沢校は，その創立の起源を，1923年開所の北海道庁立実業補習学校教員養成所としている。本節では，北海道庁立青年学校教員養成所の第1回生で1938（昭和13）年卒業の松本（旧姓小泉）潔氏への取材内容に基づいて記述する。

　1学年定員15名で，2個学年の生徒数計30名余を収容する寄宿舎（寮）を，1937（昭和12）年1月に落成し[2]全生徒が入寮した。いわゆる全寮制であった。写真3－1が「希望寮」である。そして寮の文芸部が主催して全寮生の協

写真3-1　新設の希望寮

力の下に，寮誌「希望」創刊号を同年12月下旬に発行した。それが写真3-2で，松本氏が青雲の志を抱いて学業に励んでいた青春時代の想い出の品として大切に保管していたものである。寮の文芸部が編集したものであるので，創作，詩，短歌，俳句，さらに研究論文等が紙数の半分以上を費やしていて，当時の青年学校教員養成所在校生の文才の豊かさがうかがわれる。

写真3-2　寮誌「希望」創刊号

第3章　北檜山町・大野町・上磯町における青年学校の設置と技術教育　53

しかしここでは教育課程，在校生の経歴，先輩（北海道庁立実業補習学校教員養成所の卒業生）の就職先等から，北海道庁立青年学校教員養成所の概要をうかがい知ることができるので記述する。

2.1　教育方針

原文は旧漢字カタカナ混じりで句読点なしの文であるが，当用漢字カタカナ混じり文に変えて記述する。

以下，本章内における資料の引用表記についても同様とする。

「本所教育方針ハ青年学校令第一条ニ示ストコロニ従イ本道ニオケル青年学校教員養成ノ主旨ニ副ハシメントスルモノニシテ即チソノ学科目中普通学科目ニアリテハ従来ニ比シ科目数及ビ教授時数ヲ増加シテ教員タルノ一般的素地涵養上一般ノ考慮ヲ払ウト共ニ実業科目ニアリテハ努メテ圃場ニ於ケル現地並ビニ現物教授ノ方法ヲ採リ別ニ相当面積ノ農場ヲ付設シテ農業経営ノ実態ヲ担当セシメ自信力ヲ養成セントスルモノナリ

又全生徒ヲ寄宿舎ニ収容シテ規律アル共同生活ヲ通シテ明朗闊達ナル気風ト隣保相助勤労愛好ノ精神ヲ養ハシメ以テ将来ノ農村大衆青年ノ善キ教育者タラシメントスルニ在リ」[3]と教育方針を定め，公布された「青年学校令」に基づく校名の呼称変更と共に，北海道の農村青年の指導者に相応しい能力を育成するために，普通科目と実業科目の一層の充実を図ることにした。次に職員名が担当科目と共に記載[4]されているので，ここから「方針」の中の普通科目と実業科目と思われるものに分類して記述する。また，日課表についても写真3－3で示す。

2.2　教育課程（学科目のみ）

普通科目—倫理，教育，心理，論理，地理，歴史，公民，国語文学史，
　　　　　漢文，数学，音楽，図画，手工，体操，剣道。
実業科目—農業経済，応用理科，三角，測量園芸，果樹，作物，土壌，
　　　　　農業製造，畜産汎論，畜産各論，畜産加工，林学。

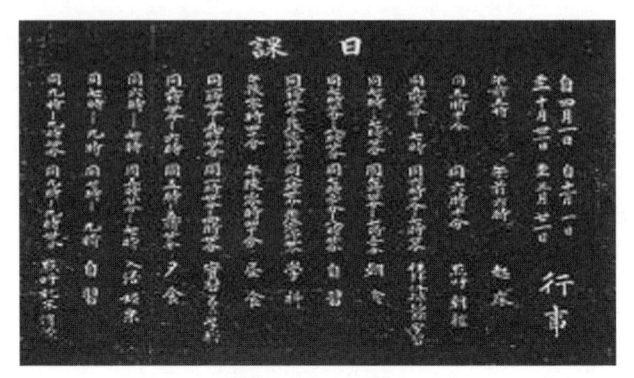

写真3-3　日課表

　学科目のみで受講学年や単位数等，寮誌の記載事項からは不明であるが，農学に関してレベルの高い内容であったことが在学生の出身校から推察できる。これについては，次項で述べる。

　なお，年間行事の記載から前・後期の二期制であった。写真3-3の日課表からは，1年をいわゆる夏時間帯と冬時間帯の2期に分け，午前5時（冬時間帯6時）の起床，点呼就床消灯は午後9時半と定められていて，この間午前は学科，午後は実習の学習形態であった。

2.3　在校生の出身地と出身校

　出身地は「生徒現住所」として記載されている。保護者の住所に一致するものであろう。ここから，1937（昭和12）年度における1・2学年の出身支庁をまとめたものが表3-1である。また，2学年15名の人物紹介では出身校や経歴が示されているが，空知農業学校の出身者が11名，十勝農業学校の出身者1

表3-1　在校生の出身地と人数

	空知	上川	十勝	石狩	後志	網走	日高	胆振	千島	計
1学年	10	1	2	2	2	0	0	1	0	18
2学年	10	1	0	0	0	2	1	0	1	15
計	20	2	2	2	2	2	1	1	1	33

名，山形県村山農業学校出身者1名，網走中学校出身者1名，函館師範学校中退者1名であり，当時は本道における実業教育機関の中で実績と歴史を誇る空知農業学校の出身者が圧倒的多数であった。それは空知農業学校の校長が，青年学校教員養成所所長を兼務していたことで，進路の指導もあったことが想像されるし，また北海道における実学の雄としての評価を込めて「空農」と称していた学校の生徒の向学心が，結果的に青年学校教員養成所の在校生の多数を占めることになったと想像される。さらに，入所時までの経歴が多様である。農業学校や中学校卒業後直ちに入所した者6名，卒業1年後に入所した者5名であり，他は4年間あるいは8年間の教員経験の後入所している。当時は経済的な事情で進学を一時断念し，職に就き学費を準備して進学するという，いわゆる苦学生の例は少なくなかった。また，実業補習学校という小学校課程の卒業者で，職業に従事している者に対する補習教育を主とするイメージを抱かせる教育機関から，教練科という軍事色を反映する新設科目が加えられたとしても，新しく地域青年層に対する教育機関に変化したことも，青年学校教員養成所への進学意欲を高めたのではなかったか。こうした多様な経歴・経験をもった者達の集団の中で切磋琢磨し勉学（特に実学）に励んだことが寮誌からもうかがわれる。以下にその部分を示す。「……8時40分より授業は開始され，各自の緊張は増して学理に対して充分認識を深めることはできるのだ……午後の授業が終わるといよいよ我々の本望とする実習が始まるのだ。……作業の万端に対し技能を磨き，且つ研究的に認識を深め将来この農場で鍛えに鍛えた強き腕を持して，本道農村中堅として大いに農村振興に努力すべき堅き礎は養われる」（……は筆者による省略）[5]。

2.4 北海道庁立実業補習学校教員養成所卒業生の就職地域

第2章においても述べたごとく，小学校教員の兼担が認められていたため，青年学校数に対する専任教員の配置は全国的にも少なかったが，そのレベルよりさらに北海道は少なかった。これまでの道南地域の調査結果から，鹿部実業青年学校が家事及裁縫科担当教員2名（女子）が資料上から判明しているが，

他は資料がなく聞き取り調査では専任か否かは判明出来なかった。道南地域においては，専任教員の配置が少なかったのではとの予想をしていた。そこで，寮誌「希望」の巻末に，北海道庁立実業補習学校教員養成所第1回生（1924（大正13）年）から，第13回生（1936（昭和11）年）の「卒業生名簿」として勤務先が記載されているので，13回生までを勤務先所在地の支庁別にまとめてみると，次のようになる。

　卒業生209名中，教職以外の者・不明者・死亡者計38名で，残り171名が教職にある。その内訳は空知支庁49名（28.7%），十勝支庁29名（17.0%），石狩支庁（現，札幌市含めて）21名（12.3%），上川支庁11名（6.4%），網走支庁11名（6.4%），次いで後志支庁9名，胆振支庁9名，宗谷支庁6名，留萌支庁6名，渡島支庁6名，日高支庁4名，檜山支庁3名，釧路支庁3名，根室支庁2名，国後（現在の北方領土）1名，本州1名である。これは，1937（昭和12）年度における結果である。もちろん人事異動はあるが大きな変動はなかったのではと予想ができる。出身地を前項2.3でみたごとく空知支庁を中心とする営農を主とする支庁の出身者が多く，当然のことながら，これらの地域は農学の専門的な知識技能を有する教員を必要としていた結果が表れている。海岸線の多い道南地域は営農地域が少なく，結果として青年学校教員養成所出身の教員は少なかったのである。

　なお，1938（昭和13）年に庁令第37号をもって「北海道庁立青年学校教員養成所臨時養成科規程」が制定され，養成所内に第一臨時養成科，庁立小樽水産学校に第二臨時養成科が設けられ[6]，1939（昭和14）年から水産臨時教員が毎年15名前後卒業したことが，北海道教育大学岩見沢分校創立50周年同窓会名簿（1974（昭和47）年10月発行）に示されている。したがって，これらの卒業生の卒業時における勤務先が明らかになれば，漁村地域の青年学校教育への影響等が判明するかもしれない。

3 北檜山町

3.1 東瀬棚実業青年学校

　北檜山町史[7]によれば，1955（昭和30）年太櫓村と東瀬棚町が合併して北檜山町に呼称変更した。今回は，東瀬棚町が当時東瀬棚村であった頃の東瀬棚実業青年学校に関する調査結果について記述する。

　東瀬棚村は，明治末期から水田の試作や大正初期に灌漑溝を建設して水田面積の拡張を図る等，稲作を中心に畑作，さらに酪農も含めた農業を主とする地域であり現在においても同様である。

　北海道教育史（昭和30年発行）の第93図（地方編一，p.392）においては，青年学校の記載がないが，前出の町史によれば実業補習学校や青年訓練所にふれ，「二つの教育機関は，昭和十年（一九三五）青年学校の公布により，統合一体化され，」[8]と，青年学校の存在を記している。聞き取り調査には宮腰清氏（北檜山町兜野在住）と三上二郎氏（北檜山町愛知在住）に対応していただい

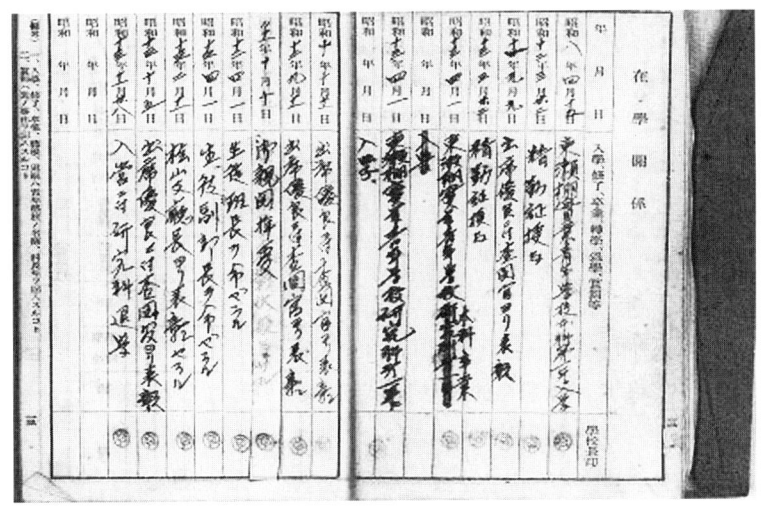

写真3-4　宮腰氏の青年学校在学関係記録手帳

た。宮腰氏が保管していた青年学校手帳によれば，写真3-4のように，1933（昭和8）年には「東瀬棚実業青年学校」が既に存在していた。第1章以後の調査において，青年学校令公布以前に「○○青年学校」と呼称していた例がいくつかみられる。宮腰氏は本科5年を卒業の後，研究科に進み同年（昭和13）11月に軍隊に入営している。校舎は東瀬棚尋常高等小学校との兼用であり，校長は兼職であった。高等科を卒業した同期の26名中11名が実業青年学校に入学している。他は師範学校進学2名，13名が就職で土地を離れた。

手帳には，各学年における教授及訓練科目の出席時数を記載することになっている。同氏の職業科の出席時数は1学年から5学年まで順に27時間（青年学校規程による時数70時間），57時間（70時間），61時間（90時間），51時間（90時間），40時間（90時間）と記載されている。青年学校規程の但し書きによれば括弧内の時数は下限であり，「土地ノ状況ニ依リ適宜之ヲ定ムベシ」とある。同氏の出席時数が規程時数より少ないが，開設時数の実際が不明である。精勤証を度々授与されているので，この期間の東瀬棚実業青年学校における実際の開設時数が，規程を充足していなかったことも考えられる。授業実施期間は夏期は午後からの時もあったが夜間が主で週2〜3回，1回3時間程度であった。冬期は夜間でやはり週2〜3回，1回2時間程度であったという。

お二人の話から職業科は農業であり，専任の教師（宮腰氏の記憶では夕下（ユウシタ）先生）が在任して指導を受けている。そこで学んだ内容についてまとめると，座学においては作物の肥料として「窒素，リン酸，カリ」の3要素名とそれぞれの働き，及び使用法を学習，また病虫害対策の防除法として生石灰液に硫酸銅を混合してボルドー液を作ることも学習し実際に作って使用している。実習においては大豆を栽培し収穫には農家の馬車や労力の提供を受けて行っている（写真3-5）。日常的には家業の手伝いとして行っていた農業と比較して，青年学校での組織的な座学と実習を受けたことで農業には経験則だけではないものがあることを気付かされたとお二人とも述懐していた。写真3-6は，東瀬棚尋常高等小学校正面玄関前において青年学校教職員と全校生徒が記念撮影したものである。男子生徒のほとんどの服装は制服制帽である。

第 3 章 北檜山町・大野町・上磯町における青年学校の設置と技術教育

写真 3-5 青年学校実習地における大豆の収穫

写真 3-6 東瀬棚実業青年学校全校集合写真1937（昭和12）年頃

　なお，青年学校の名称に関しては，宮腰氏が保管している当時に授与された1935（昭和10）年以降の精勤証並びに表彰状でも「東瀬棚実業青年学校」と，

「実業」の2文字が入っている。

3.2 小倉山実業青年学校

小倉山実業青年学校に関する資料は，校長（調査時，2002年）の吉川英治氏から提供して戴いた小倉山学校沿革史のコピィと小倉山開基百周年・小倉山小学校開校九十七年記念誌「拓志翔郷」（平成14年8月10日発行）である。

北檜山町中心街から北側にあり，海抜170mの台地に位置する小倉山地域は，1902（明治35）年に開拓の鍬が入れられたという。子弟教育の重要性を認識した先人の努力で，3年後に「小倉山簡易教育所」が開設されて，昨年で97年の歴史を重ねてきた。馬鈴薯「北檜山男爵」作付けの，さらに酪農においても北檜山の中心地でもあるという。現在，地域住民の熱心な協力に支えられて，豊かな自然環境を教育に生かして小規模学校ではあるが，優れた教育実践が評価されている。

以下は，学校沿革史から，青年学校に関する事項を抜き書きする。

昭和八年度	四月二十三日	小倉山実業青年学校開校式ヲ挙グ
	五月　二日	青年学校実習ニ於テ玉川青年学校千葉専任教師並ニ東瀬棚村農会技術員葛西氏ノ直接指導ヲ受ク
	九月二十五日	本日ヨリ二日間茅部郡森町ニ於テ青年訓練・実業補習学校ニ関スル研究会ヲ開催サル
	十一月　九日	本年度青年訓練査察ヲ受ク
	十二月　十日	今晩ヨリ青年学校夜学開始セリ
	一月　七日	女子青年団臨時総会ヲ開催シ明後日ヨリ青年学校裁縫科ヲ授業開始ノ旨伝達
	三月　四日	東瀬棚役場ニ於イテ青年教育振興ノ座談会アリ
	三月二十三日	小学校実業学校ノ修卒業式ヲ挙行ス午後，小学校並ニ青年学校女子部ノ学芸会ヲ成ス
昭和九年度	四月　二日	午前九時ヨリ入学式挙行　新入学児童父兄多数来校　午後一時ヨリ父兄会ヲ開催ス一戸1人宛参集，教育問題ニ付キ意見ノ交換ヲナス　遂ニ青年学校小学校合同ノ所謂教育後援会ノ提案ニ至リ満場賛同創立ニ決ス

第3章　北檜山町・大野町・上磯町における青年学校の設置と技術教育　61

六月三・四日		青年訓練主事指導員ノ講習ヲ利別村種川青年学校ニ開催サル
七月	九日	管内青年訓練大会ヲ熊石村ニ開催ノ為メ青学生徒十四名ヲ引率出発ス
八月二十八日		青年学校男・女生徒及小学校尋四以上利別試作場及同高岳地試験場ヲ見学ス
九月二十一・二日		単級複式並ニ青年学校研究会ヲ瀬棚町馬場川小学校江差町青年学校ニ開催サル

　以上のように昭和8年度において，農業に関して専任教師や農会（現在の農業協同組合か）の技術員の指導を受ける等，さらに昭和9年度の9月21・22日までは青年学校に関する記載がみられる。これ以降は教練科指導者の入営，その後任に関する事項がみられる。

4　大野町

　北海道における水田発祥の地として知られている同町は，農業を主産業とする地域である。大野町史によれば，1935（昭和10）年頃の大野村には4小学校2分校あり，高等科まで設置されていたところが3校あったが[(9)]，もっとも歴史のあるそして中心地に存在した大野小学校に大野青年学校を併置した。それまでは大野小学校には大野実業専修学校が併置されて，「公立大野農業補習学校が発展的に解消され，公立大野実業専修学校の名称のもとに，予算も従来より充実して専任教師が置かれ，小学校高等科卒業生を対象に，徹底した実業教育を目標とした大野村独自の男女青年の教育が，大野小学校を教育の場として行われた。」[(10)]とあり，青年学校はこの内容を引き継いだものと予想できる。

　大野農業補習学校は，実業補習学校規程が公布された3年後の1896（明治29）年に併置された。全国的にみても早期に設置されたことがわかる。地域住民の教育に対する意識が高かったことを物語るのではないか。今回の調査で大野町役場社会教育課の御厚意で関係資料を閲覧させて戴いた。地域的にその重要性を認識し，大正時代から小学校高等科に農業教育を実施していたことを閲

覧させて戴いた中の一つの資料が示している。「高等科児童ノ労力ニナル温室ヲシツラヘ理科農業ノ教材ノ植付ヲナシ又傍ニ花壇ヲ設ケ観賞園並ニ教材園トナセリ」とあり、また同資料によれば、借地ではあるが一つが約3千～4千㎡もある農場を四つも実習地として保有していたことがわかる。

　校舎に関しては、前出の大野町史にある「大野農業高等学校」の項に、その前身の大野農業学校が1941（昭和16）年に創設されたが、その仮校舎に関する記述で「……もっぱら使用した国民学校の建物は、もと市渡小学校の体操場として、大正十四年に建てられた四八坪の建物で、これを大野小学校の校地内に移し、三坪の下屋をおろして小学校の本校舎と廊下でつなぎ、青年学校がおもに使用した。」[11]とあり、単独校舎ではないが、準専用的な校舎が存在していたことがわかる。

　聞き取り調査には、加藤重矩氏（大野町南大野在住）と大野文三氏（大野町向野在住）に対応して戴いた。

　加藤氏は、高等科を1936（昭和11）年3月に卒業し、翌年4月に青年学校本科1年に入学した。職業科は農業で専任の教員、田島弥兵衛氏がいた。田島氏は2.4で説明した寮誌「希望」の卒業生名簿に北海道庁立実業補習学校教員養成所を8回生として1931（昭和6）年に卒業し、1937（昭和12）年の時点で勤務先が大野村大野尋常高等小学校と記されている。加藤氏のお話では高等科においても、農業教育を田島氏から受けていて、青年学校ではその復習的な部分も少なからずあったという。座学はやはり夜間で週3回から4回、実習は畑地や水田があったのでトマト・ナス・キュウリ・ネギ・イネ等の栽培を行った。特にボルドー液の効能や使用法そして作成法に関する教育内容は印象強いものがあるとのことなので、その作成法を説明して戴いた。生石灰溶液に硫酸銅水溶液を混合する際に、徐々に加えて反応させないと懸濁液の粒子が粗くなって殺菌効果を発揮しないし、さらに沈殿物が噴霧機の詰まりを起こす原因になるので、充分注意しその要領を会得することが重要であったということだった。そして、ご自身がその後の営農において、常にこの作成法を意識しながら作成していたという。

第3章　北檜山町・大野町・上磯町における青年学校の設置と技術教育

5　上磯町

　上磯町史[12]によれば，1935（昭和10）年頃は，茂別村は上磯町とは別の自治体であったが，1955（昭和30）年4月1日に吸収合併した。北海道教育史の系統図[13]では青年学校の記載はないが，町史では「上磯町内の各校は来る九月頃より上磯，谷川，浜分，沖川，箕朗の各校も看板を塗り替え青年学校と改称し」[14]とあり，茂別村茂辺地地区の茂辺地青年学校を合わせて6校の青年学校が存在した。以下に，そのうちの4校についての聞き取り調査の結果を記述する。

5.1　沖川青年学校

　町史[15]によると，「昭和12年農芸実習，馬鈴薯を栽培（4月10日）　沖川青年学校で農園実習のため，馬鈴薯を栽培し，その利益で修学旅行の計画を立て，生徒31名で二反歩の耕作をした。6月5日，農繁期の昼休みを利用し，全員で農園の除草を実施した。」の記載事項がある。職業科の実施内容としては組織的で計画的なもので，これまでの調査においてなかった例である。当時生徒として関わった方からの聞き取り調査をするべく該当者を探しているが未だ目的を達せずにいる。調査の中で沖川青年学校に本科1年に1939（昭和14）年4月6日入学し，本科5年を1944（昭和19）年3月26日卒業された方に聞き取り調査をお願いした。青年学校手帳を保管していたので拝見させて戴いた。この方は1937（昭和12）年3月に沖川小学校尋常科を卒業されたのであるが，前述の青年学校における先輩達の農芸実習に関しては記憶にないとのことであった。手帳には職業科の第一年から第五年までの出席時数が記載されている。第一年8・第二年11・第三年—・第四年26・第五年35とある。なお，第三年は棒線のみで数字は記載されていない。「出稼ぎで家を離れることが多く，冬期間の一時期のみ実家に戻っている時に青年学校に出席したのだろう。職業科の教育内容については記憶にない」とのことであった。

5.2 谷川青年学校

　町史には，職業科に関する記載はない。1934（昭和9）年谷川青年学校本科1年入学，本科5年を卒業し，さらに研究科1年在学して1940（昭和15年）3月終了した方に聞き取り調査をお願いした。この方は青年団活動（雄弁大会等）に優れた業績を残し保管していた当時の資料が町史に利用される等，またご記憶も確かな方であるが，残念ながら青年学校の手帳は保管していなかった。農業や漁業等職業科に関する教育はなかったのではとのことであった。

5.3 上磯青年学校

　町史には，職業科に関する記載はない。1937（昭和12）年4月に上磯青年学校本科に入学した山本馨氏（上磯町飯生在住）は，職業科で農業に関し，作物の肥料「窒素，リン酸，カリ」の3要素とそれぞれの働き，及び使用法を学習した。職業科は1週間に1回程度の学習時間があったのではとのことであった。当時の上磯小学校における毎年の卒業生数は町内小学校に比較して多い。したがって，青年学校へ進んだ方の数も多いと判断し，該当者と思われる方12人に電話による聞き取り調査をお願いしたが，実業学校への進学や公職に就きその関連の教育機関に在学したとの回答が多く，目的を達することはできなかった。純農漁村と異なり，上級学校への進学例が市街地中心校ではこれまでの調査においてもあった。

5.4 茂辺地青年学校

　谷川青年学校や上磯青年学校と同様に職業科に関して町史の記載はない。当時も漁業関係者の子弟が多く，小学校を卒業して親の手伝いをするにも，当時上磯町矢不来にあった漁場やカムチャッカ等への出稼ぎの労働経験があって，漁業従事者として初めて一人前扱いをされ，親と同じ船で仕事が出来たし，また，親も，子がその経験を積んで帰るのを期待していたものだという。したがって，冬期の限られた短期間のみ地元にいた時に青年学校に通学した。面談による聞き取り調査を3人，電話による聞き取り調査を4人の方にお願いした

が，職業科についてはなかった，あるいは記憶にないとの回答だった。

6 青年学校本科用教科書について

写真3-7　北海道青年農業教科書
合名会社北海出版社

写真3-8　北海道青年農業書
社団法人北海道聯合教育会

　第1章において，七飯町大中山青年学校での調査対象者が保管していた資料（いわゆる講義録である）の内容を目次の項目を挙げて紹介した。それは青年学校用教科書ではないが，同校の熱心な指導者の推奨で対象者が購入したもので教科書として使用していた。今回，北海道教育大学附属図書館岩見沢分館において，青年学校関連の資料を閲覧中に青年学校本科用教科書2種類を，見付け出しコピィすることができた。それが，写真3-7・写真3-8である。

　北海道に独自の教科書が存在していたことが判明した。気象条件が左右する農業においては，本州と異なる北海道の自然条件に合致する農法が存在するのが当然で，独自の教科書が当然のことながら必要であった。双方の教科書は，巻一・巻二・巻三・巻四・巻五の5巻からなる。北海出版社の方（以後，Aと称す）は昭和15年5月25日発行で，北海道聯合教育会の方（以後，Bと称す）

は昭和19年4月25日の発行となっている。Bの巻三が岩見沢分館では欠けていた。双方とも各巻の巻頭にAは「凡例」として，Bは「例言」として，編纂の目的や方針，内容の概要を巻頭に示している。内容の概要は各巻により異なるが，それぞれの巻一に関して転記する。

「凡例」
一，本書は北海道青年学校本科用農業教科書に充つる目的を以て編纂したものである。
一，本書は文部省で定めた青年学校職業科（農業科）の教授及訓練要目の中，作物に関する要項に準拠して編纂したものである。
一，本書には本道に於て現に広い面積に亘って栽培されている作物及び仮令現在栽培面積が少なくとも将来性のある作物を選び，それ等に関し本道の自然条件に適応した耕作肥培法の基本要領を記述した。然し本書は農業実務青年の教科たるを以て極めて実際的に説述すると共に，青年学校の実情は家庭学習に負う所多きを以て家庭に於ける独自学習にも資し得る様記述することに努めた。
一，本書の記載事項は，当局の指導方針に合致せしめんが為にその資料を北海道農事試験場及び北海道農産物検査所に仰ぎ，その草稿は之等関係官庁主任官の校閲を受け，以て完璧を期した。
　今左に校閲者芳名並びに校閲事項を掲げて感謝の意を表する。

このあとに校閲事項，その下に所属・職名・氏名が記載されている。氏名は第1章における講義録の著者と重複する方の氏名が多くみられる。

第1項は各巻共通であり，目的を示している。第2項は各巻の扱う分野を示している。巻一は作物篇，巻二は蔬菜・果樹・花卉・作物保護篇，巻三は土壌・肥料篇，巻四は畜産・養蚕・農産加工・林業篇，巻五は農業経営篇である。したがって，第3項は前項に関する本道の自然条件に合致した，または特徴的な事項に関連して扱う方針を示している。

「例言」
一，本書は北海道青年学校本科職業科農業の教科書として，北海道庁青年教育課監修の下に，文部省制定青年学校教授及訓練要目に準拠し，特に北海道の実情に即して編纂したものである。
一，本巻は食糧作物篇にして，北海道に於ける食糧農産物増収の好資料たらしめん

第3章　北檜山町・大野町・上磯町における青年学校の設置と技術教育　67

として，内容に就ては，特に北海道農業試験場の指導を受けてその完璧を期した。
一，施肥に関する事項は北海道農業試験場の試験成績に基づいて記述したが，現下の如き金肥不足時においては，その不足要素はもっぱら自給肥料の増産に依ってこれを補はんことを希望する。

　項目の内容順等「凡例」に倣っている。第2項の各巻の扱う内容は，巻一は食糧作物編，巻二は特用作物・蔬菜・果樹・作物保護篇，巻四は畜産・農機具・林業篇，巻五は農業経営篇である。
　第1章における講義録と今回のA・B編纂の教科書を比較した場合，対象者が異なっていること，講義録は著者等は北海道農業試験場を中心としたスタッフであり，これらのスタッフがA・Bでは校閲者となっていること等から講義録の方が扱う内容に関して質量ともに多い。
　しかし，聞き取り調査においてしばしば聞いたボルドー液の作成法については，A編纂の教科書の記述をみると，巻二の作物保護の「第四章　病害虫防除の要訣」における「第三節　病害予防駆除剤」において「調整法」として解説している。大野町の加藤氏が話していた内容が，混合比・手順等具体的な数値を示して解説されている。「凡例」の第3項に記述されているように，生徒が家庭での独習にも資し得るように配慮された教科書でもあった。

7　おわりに

　第2章において指摘したように北海道における青年学校数に比較して，専任教員数は少なく1937（昭和12）年は青年学校数の24.5％であった。これは，青年学校4校中3校に専任教員が配置されていなかったことを示している。これを契機にして北海道庁立青年学校教員養成所に関する教育課程・学生数・卒業生の勤務先等を明らかにして，北海道庁立青年学校教員養成所の教育理念の理解を深め，聞き取り調査対象者の在学した青年学校と卒業生との関連があるか，あればその教育実践を見極めたかった。寮誌「希望」に記載されている職

員の担当科目の一覧をみる限りにおいては，一般教養と農学に関する深い専門知識と技能を獲得させることを目的としていたことがわかる。在校生も関連の実業学校の課程を修了した者，さらに教職経験を積む中で一念発起して1年（後に2年）という短期間ではあったが，強い信念をもって学業に励み大きな気概を抱いてそれぞれの任地に赴いたのである。卒業生が在職していた学校は，この度の調査では1校のみであった。大野青年学校の田島弥兵衛氏の実践は，それを受けた加藤氏のボルドー液作成法の説明に田島氏の名前が繰り返し出ていたことからも，生徒の想い出に残る授業実践であったのではないか。

第1章からこれまでの調査で，一つの傾向があるのではないかと思い始めている。それは市街地中心校に併設されている青年学校において，職業科が実施されていなかったか，あっても極端に開設時数が少なかったのではないかということである。森町森青年学校や本章の上磯町上磯青年学校の例がそれである。通学区域における産業に一つの傾向がなければ，教育内容を決定するにも困難であるというのが理由であろうか。

各青年学校の職業科の実践においては，大野町大野青年学校は準専用的な形ではあるが施設や教育内容に優れたものがあった。また組織的・計画的な職業科の実践として，東瀬棚実業青年学校や上磯町沖川青年学校の例があった。これらは地域産業に明確な傾向があり，したがって，その分野に一定の力量をもった者が指導者として迎えられたのであろう。

日常的には家業の手伝いの中から体験的に理解していたつもりであったが，組織的・計画的な青年学校での学習において，農業は経験則だけではなく，科学的知識と技能に裏付けられていることに気付かされた。

こうして，自分を取り巻く環境に発生する諸現象や諸事情を理解しようとする際に，「気付き」の記憶をよみがえらせて理解に努めることにより，結果としてその人間の成長に結びついていったことであろう。

注及び参考文献

(1) 北海道教育研究所編『北海道教育史（地方編二）』北海道教育委員会，1957年，p.375.
(2) 北海道庁立青年学校教員養成所希望寮編『希望』創刊号，1937年12月，p.93.
(3) 前掲書(2)，p.93.
(4) 前掲書(2)，p.93.
(5) 前掲書(2)，pp.74-75.
(6) 前掲書(1)，p.375.
(7) 北檜山町史編集委員会，北檜山町史，北檜山町，1981年12月，p.859.
(8) 前掲書(7)，p.490.
(9) 飯田吉次郎編代，大野町史，大野町役場，1970年11月，pp.764-765.
(10) 前掲書(9)，p.767.
(11) 前掲書(9)，p.804.
(12) 上磯町史編纂委員会『上磯町史』上磯町役場，1997年3月，p.58.
(13) 北海道教育研究所編『北海道教育史（地方編一）』北海道教育委員会，1955年，pp.212-213.
(14) 前掲書(12)，p.511.
(15) 前掲書(12)，p.499.

第4章　今金町・瀬棚町・大成町・乙部町における青年学校の設置と技術教育

安藤　徹

1　はじめに

　本研究は，青年学校の職業科の実践内容と北海道における青年学校に関連する制度について明らかにすることを目的としている。第1章では，八雲町，森町，七飯町における青年学校の実態と大中山青年学校で使用していた教科書の一部，第2章では，砂原町，鹿部町，南茅部町，椴法華村，恵山町，戸井町における青年学校の実態と北海道での青年学校経営の実態，第3章では大野町，上磯町，北桧山町における青年学校の実態と岩見沢に存在した北海道庁立青年学校教員養成所について報告した。その中では，青年学校は経費不足に起因する施設設備や専任教員数の絶対的な不足がありながらも，なかには教員の力量次第で非常に優れた実践が行われていた学校も存在し，各青年学校の多様性とともにその実践の有用性を指摘した。

　以上の内容を引き継ぐ形で進めたその第4章として，当時の青年学校に在学されていた方への聞き取り調査を行った今金町，瀬棚町，大成町，乙部町における青年学校の実態，小樽に存在した北海道庁立青年学校教員養成所第二臨時養成科，また「青年学校」の呼称に関すること，さらに漁村青年を対象とした『漁村青年讀本』，の4点について報告する。

　なお，本章における各青年学校の名称については，特に断りのない場合は，自治体単位で各青年学校が統合されるより前の1935（昭和10）～1943（昭和18）年の間の名称を使用している。

2 青年学校の実態

2.1 資料による調査地域の青年学校

青年学校がそれぞれ今金町には10校，瀬棚町には6校存在し，大成町には2校，乙部町には4校存在していたことを確認している。以下に，各地域における産業と青年学校の設置や統合の経緯を示す。

2.1.1 今金町内の青年学校[1]

今金町は，内陸に位置しており地域の主産業は農業である。

青年学校については1935（昭和10）年に，「今金実業青年学校」「神丘農業青年学校」「種川農業青年学校」「八束農業青年学校」「金原農業青年学校」「美利河農業青年学校」「花石農業青年学校」「中里農業青年学校」「日進農業青年学校」「豊田農業青年学校」と10の地域で開設された。

表4-1　1936（昭和11）年度今金町内青年学校の教員・生徒数

	教員数		生　　徒　　数								
	専任	兼任	普通科		本科		研究科		計		合計
			男	女	男	女	男	女	男	女	
今　金	2	7	−	−	71	28	8	15	79	43	122
神　丘	−	4	−	5	39	12	8	6	47	23	70
種　川	−	8	−	−	61	47	−	4	61	51	112
八　束	−	6	3	4	47	18	12	8	62	30	92
金　原	−	6	8	6	33	16	3	2	44	24	68
美利河	−	5	7	7	30	13	3	3	40	23	63
花　石	−	7	5	9	32	26	5	1	42	36	78
中　里	−	4	1	8	19	15	−	1	20	24	44
日　進	−	5	9	10	19	11	4	5	32	26	58
豊　田	−	4	2	4	12	8	3	2	17	14	31
計	2	56	35	53	363	194	46	47	444	294	738

（※『今金町史　上巻』p.746.より作成）

そのうち町の中心部にあった今金実業青年学校は、"実業"には勤労生産増強を目的とする"農業"と経済流通機構や消費経済を学ぶ"商業"を充当していた。北海道庁から研究校の指定を受け、1938（昭和13）年には実践研究においてその成果を認められ、北海道長官より表彰状を授与されているが、実践の詳細な内容については不明である。また、表4-1に示すとおり今金実業青年学校は1936（昭和11）年の時点で専任教員（職業科の専任であるかは不明）が2名も配置されており、さらに短期間ではあるが独立校舎を持つ時期（1944年4月〜1947年3月）もあった。

その他の9つの青年学校は名称どおり地域の主産業は農業であった。「豊田農業青年学校」については、週に数度の軍事教練と冬期に夜学での学習をしていたとの記述がみられた。

その後、1943（昭和18）年の青年学校統合に伴い、美利河、花石、中里の3つの青年学校が「花石青年学校」、その他の7つの青年学校が「今金青年学校」とそれぞれ統合、改称された。

2.1.2 瀬棚町内の青年学校[(2)]

瀬棚町は、青年学校が1935（昭和10）年に、「瀬棚実業青年学校」「馬場川農業青年学校」「梅花都水産青年学校」「島歌水産青年学校」「須築水産青年学校」、これに6年遅れて「美谷水産青年学校」が開設され、6つの青年学校が存在した。学校の名称のように、日本海に面した海側の地域は"水産"を、内陸では"農業"、町の中心部では"実業"という名称を充てている。

1943（昭和18）年の青年学校統合に伴い、瀬棚、馬場川、梅花都の3校が「瀬棚青年学校」、島歌、須築、美谷の3校が「島歌青年学校」とそれぞれ統合、改称した。しかし、統合といってもそれまでの学校の形態を引き継ぐ、たとえば、「瀬棚青年学校馬場川分教場」というような統合の形態であったことが記されている。

また、瀬棚町における青年学校の授業時数を確認することができたので表4-2に示す。これは、1939（昭和14）年の青年学校男子義務化に伴い、瀬棚町会（現在の町議会）によって青年学校学則が改正された改正後の時数である。

表4-2 瀬棚町内の青年学校の授業時数（男子のみ）

	普通科	本科1,2年	本科3-5年	研究科
職業科	60	70	－	－
教練科※1	50	100	100	100
総時数※2	225	245	215	210

※1 普通科では「体操科」
※2 修身及公民科，普通学科を含む
(※『瀬棚町史』p.1175.より作成)

「青年学校規程」においては普通学科と職業科と併せて90時という配当時数を例示していたが，瀬棚町では本科3年以上には，職業科を配当していなかったことがわかる。

2.1.3 大成町内の青年学校[3]

大成町は，日本海に面しており主な産業としては，水産があげられる。当時，久遠村と貝取澗村と2つの自治体であった。町史及び昭和十一年発行の「北海道青年學校名簿」北海道廳によれば，久遠村には「久遠水産青年学校」・「太田水産青年学校」，貝取澗村には「貝取澗水産青年学校」・「長磯水産青年学校」・「平田内水産青年学校」と計5校が存在していた。

2.1.4 乙部町内の青年学校[4]

乙部町は，日本海に面しており地域の産業としては水産業，内陸部では農業があげられる。

青年学校については，1933（昭和8）年，乙部，突符，明和の3ヵ所に設置されていた青年訓練所が廃止となり，代わって「乙部実業青年学校」が開校した。翌年乙部町（当時は乙部村）はこの学校を「乙部水産学校」に格上げするべく北海道庁に申請したが結果的に認可されなかった。それぞれの学校の名称は，「乙部実業青年学校」・「明和実業青年学校」・「突符実業青年学校」であり，いずれも小学校に併設され，1940（昭和15）年に，"実業"をはずし，「乙部青年学校」「明和青年学校」「突符青年学校」となった。また，1942（昭和17）年には，「姫川青年学校」が開校され，翌年（1943年）には青年学校統合により，姫川を乙部に，栄浜（突符）を明和に統合し，さらに翌年（1944年）に

第4章 今金町・瀬棚町・大成町・乙部町における青年学校の設置と技術教育

表4-3 乙部町内の青年学校の授業時数（男子のみ）

	普通科	本科1,2年	本科3-5年	研究科
職 業 科※1	75	90	115	30
教 練 科※2	50	90	90	50
総 時 数※3	265	270	230	125

※1 本科3-5年の時数は普通学科と合わせた時数
※2 普通科では「体操科」
※3 修身及公民科，普通学科を含む
（※『乙部村事務報告』より作成）

は，明和を乙部に統合している。また，この青年学校が1948（昭和23）年3月まで教育制度上存続はしたものの，終戦後の2年余りの期間は対象となる勤労青年への教育が空白であったことも記されている。

また，乙部町公民館館長，森広樹氏の御好意により「乙部村事務報告」を閲覧及び複写させていただいた。

そこには，1939（昭和14）年12月1日より実施するとした，乙部，明和，突符の「青年学校学則（"実業"の文字はない）」（括弧内，筆者注）と，1942（昭和17）年4月1日より実施するとした姫川の「青年学校学則」が記載されていた。この2つの学則はほぼ同様で，その第7条に授業時数が示され，これについては一致する内容であった。男子のみの時数を表4-3に示す。

2.2 職業科の実践内容について

資料においては，各青年学校の実践内容，職業科の実践などの具体的記述はみられない。聞き取り調査[5]は，今金町においては「種川農業青年学校」（聞き取り対象者1名），瀬棚町においては「瀬棚実業青年学校」（同3名）「梅花都水産青年学校」（同1名）「島歌水産青年学校」（同1名），大成町においては「久遠水産青年学校」（同2名），乙部町においては「乙部実業青年学校」（同1名）「突符実業青年学校」（同1名）の方々に対応していただいた。

その調査により得られた各青年学校の実態と，職業科の実践内容について以下に示す。

2.2.1 種川農業青年学校

聞き取り調査は，岸善次郎氏（今金町種川在住）に対応していただいた。岸氏は，種川農業青年学校本科に1937（昭和12）年に入学，卒業後研究科（2年間）に進んでいる。種川農業青年学校は，小学校に併設，夜学が主で，農閑期に毎晩6時～9時まで授業を実施していた。そこでは，職業科では農業の内容とともに，小学校の教員によって修身及公民科，普通学科では国語，歴史，算数，理科などを学んでいた。軍事教練については，教科書『歩兵装塡』を用い1ヵ月に1回ほど昼間に行っていたということである。

職業科，特に農業の教科書があったかどうかは記憶にないとのことであった。職業科の内容については，肥料に関する内容でチッソ・リン酸・カリウムと肥料の3要素や，大豆カスについて学んでいる。その中で，「豆を育てるのにチッソを使用してはいけない」といったことや「いもには大豆カスを」といった知識も学んでいた。また，当時種川地区では栽培していなかったような「新しい野菜を作れ」といった指示をされたり，白菜の栽培について，気候に適した品種を選定し薦め，防虫や，大豆カスを入れる方法などを学んだりしたということである。

以上の職業科の授業を担当していた教員は，岩手県立花巻農学校（現在の花巻農業高等学校）出身の煤孫鉄郎氏，秋田県立鷹巣農林学校（現在の鷹巣農林高等学校）出身の河井広氏であったとのことである。この2名はともに小学校の教員であった（『開校百年記念誌たねかわ』p.47.）ということであるが，このように専門の学校を卒業した方を教員として採用することができたのは，地域住民の農業に対する研究意欲や，その担い手の育成を目的とする職業科への期待の表れではないかと考えられる。

2.2.2 瀬棚実業青年学校

聞き取り調査は，瀬棚実業青年学校に1935（昭和10）年に入学した矢野真郎氏（瀬棚町本町在住），1936（昭和11）年に入学した山下正雄氏（瀬棚町本町在住），1938（昭和13）年に入学した用名秀四郎氏（瀬棚町本町在住）の3名に対応していただいた。瀬棚実業青年学校は小学校に併設され，軍事教練以外の座

学では，冬期間は週に2～3回，それ以外の期間は雨の日に行い，夜7時から2時間程度，出欠の確認もしていたようである。夜学では小学校の教員により，修身及公民科，普通学科では国語，算数を学び，その授業内容は当日決められ，教科書はなかったとのことである。

職業科における実践については，3名とも記憶にないとのことであった。これは瀬棚実業青年学校が，漁業が中心の三本杉地区，農業が中心の最内沢地区，商業が中心の本町地区などからの生徒で構成されていたということで，そのため職業科の内容を特定するのが困難だったのではないかと考えられる。

しかし，職業科との直接の関係は不明であるが，用名氏が尋常小学校の4年生であった1933（昭和8）年頃，小学校に小樽水産学校（現在の小樽水産高等学校）出身の教員（中村一人氏）が赴任し，「鮎の養殖」に関しての実技指導や，昆布礁作りを行っていたのをみたそうである。その教員が，当時の小学校の先輩に対して行っていたのか，青年訓練所で行っていたのか，青年団などの別の機関で行っていたことであるのかは不明である。また同じく用名氏が高等小学校1，2年（1936-1937年）の時には，その教員とは別の教員の授業において，ホッケの加工方法の指導を漁師に受け，ウロコや内蔵を除去した「ホッケの燻製」づくりや，野菜づくりなど，実習，演習的な内容を学んだそうである。北海道の青年学校では専任教員の割合が少なく，ほとんどの青年学校では，小学校の教員が兼任していたという状況で，職業科の授業についてはその一教員の力量次第といった傾向が強かったことは前章でも指摘されている。用名氏が小学校時代に見た，あるいは受けた上述の2人の教員による実践は，同時期に青年学校でも行われていた可能性も出てくる。

写真4-1は，山下氏が保管していた当時の青年学校生徒の集合写真である。

2.2.3　梅花都水産青年学校

聞き取り対象者は，梅花都水産青年学校に1940（昭和15）年に入学した方である。梅花都水産青年学校は小学校に併設され，軍事教練以外では，冬期の夜間が中心で，週に数回あるいは毎日行われ，その内容は「そろばん」が中心であったとのことである。

写真 4 - 1　瀬棚実業青年学校生徒集合写真
（※手前の旗には「贈　山下正雄　殿　昭和拾六年度勤労奉仕記念」と記されている。）

　この方からは，1943（昭和18）年に統合の関係から「梅花都水産青年学校」が「瀬棚青年学校梅花都分教場」と改称されたという事実を確認できた。
　職業科に関するものはなかったのではないかとのことである。

2.2.4　島歌水産青年学校

　聞き取り対象者は，島歌水産青年学校に1935（昭和10）年に入学した方である。
　島歌水産青年学校は小学校に併設され，軍事教練を昼間に行っていたという記憶しかないとのことで，職業科の内容については，聞き取ることができなかった。

2.2.5　久遠水産青年学校

　聞き取り調査は，久遠水産青年学校に1933（昭和8）年に入学した那須野鶴次氏（瀬棚町本町在住）と，久遠水産青年学校本科に1936（昭和11）年に入学し，卒業後1年間研究科に進んでいる齋藤竹三郎氏（大成町字都在住）の2名の方に対応していただいた。久遠水産青年学校は小学校に併設され，昼間行う軍事教練以外は夜の7時から1～2時間程度行われ，その夜学では，職業科の他には普通学科として国語，算数，バスケットボールやドッヂボールなどの体育的内容も行ったということである。

職業科では水産に関する内容が行われ，その内容は，コンパスの構造やその機能，海図の記号等の学習をして見方や距離の測定方法，また潮の流れや風などを計算し，自分の乗った船がどの位置にいるかといった実践に近い内容なども，教室の中において座学として行っていた。

座学のほかに「水産実習」として，ホッケの回遊する時期に沖合に出て，ホッケを捕り，そのホッケの「塩蔵」「燻製」の加工方法を学んでいる。「塩蔵」の実習では，その加工の手順や，容器内のすべてのホッケの味を均一にするポイントを習得している。「燻製」の実習では「1．穴掘り」「2．小屋つくり」「3．点火」「4．開いたホッケの吊り下げ」等の加工手順を学んでいる。

以上のような実践は，小樽水産学校出身の教員によるものである。齋藤氏によると，塩蔵で学んだ知識が当時対象者の父の働いていた水産加工場でのトラブルの解決に非常に役立ったということや，塩蔵に限らずここで習得した加工技術が戦後の事業上で非常に役立ったということであった。また，齋藤氏は個人的にではあるが，研究科時代に「沿岸丙種運転士」（50ｔ未満の機船の船長免許）を取得しており，その試験に際して前述の青年学校で学んだ海図等の知識が非常に役立ったということであった。

写真4-2，写真4-3は，齋藤氏が保管していた青年学校の卒業・修了證で

写真4-2　青年学校本科卒業證

写真 4 - 3　青年学校研究科修了證

ある。

2.2.6　乙部実業青年学校

聞き取り調査は，乙部実業青年学校に1934（昭和9）年から1937（昭和12）年まで在学した，成田忠一氏（函館市美原在住）に対応していただいた。

成田氏によると，青年学校は主に夜間行われたということである。

職業科では水産に関する内容が行われ，「燻製」の技術を学んでいる。魚類名は記憶にないとのことであったが，大きな燻製施設を使用し，おが屑を燃料として数日間燻し，製品となったものを試食したそうである。当時としては珍しい食品であったということで，自分たちで加工したということもあり，非常に美味しかったということである。

以上のような職業科の実践の指導にあたっていたのは布施満司氏で，同氏は小樽水産学校出身で1933（昭和8）年に乙部尋常高等小学校の代用教員として採用され，その後努力して1934（昭和9）年5月8日に専科正教員の資格を取得し同日付で乙部尋常高等小学校の訓導並びに乙部実業青年学校の助教諭に任命されている。

2.2.7　突符実業青年学校

聞き取り調査は，突符青年学校に1940（昭和15）年に入学した，祝田松利氏

（乙部町元和在住）に対応していただいた。

突符実業青年学校では，修身及公民科，職業科を学んだということである。

職業科では水産関係を実施していたが，その詳細については記憶にないとの

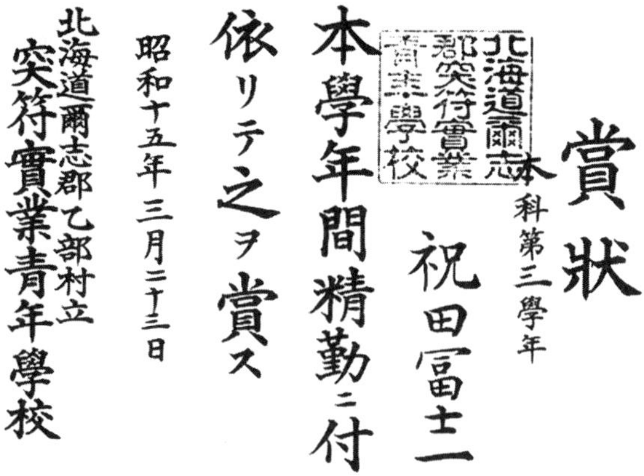

賞状
本科第三學年
祝田冨士一
本學年間精勤ニ付
依リテ之ヲ賞ス
昭和十五年三月二十三日
北海道爾志郡乙部村立
突符實業青年學校

写真４－４　精勤の賞状

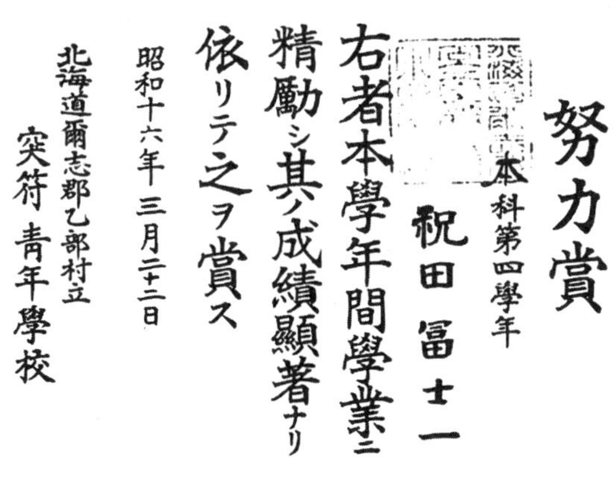

努力賞
本科第四學年
祝田冨士一
右者本學年間學業ニ
精勵シ其ノ成績顯著ナリ
依リテ之ヲ賞ス
昭和十六年三月二十二日
北海道爾志郡乙部村立
突符青年學校

写真４－５　努力賞の賞状

ことであった。

　祝田氏が保管していた青年学校手帖の在学関係の記録の部分では，1943（昭和18）年に明和青年学校に統合された際の関係記述を確認できた。また，祝田氏が保管していたお兄さんの賞状（写真4，写真5）に記載されている学校名によると1940（昭和15）年3月23日には，「突符実業青年学校」であった校名が，1941（昭和16）年3月22日には「突符青年学校」となっていることが確認できる。これは，前述（2.1.4乙部町内の青年学校）の青年学校の名称の変更とも一致する。

3 北海道庁立青年学校教員養成所第二臨時養成科

　1935（昭和10）年の勅令第47号「青年学校教員養成令」に基づいて青年学校教員養成所が設置されることとなる。北海道では，1936（昭和11）年に庁令第7号「北海道庁立青年学校教員養成所学則」が定められ，実業補習学校教員養成所が「北海道庁立青年学校教員養成所」（修業年限2年）と改称された。その後，短期間での青年学校専任教員増員等の目的から，1938（昭和13）年，庁令第37号「青年学校教員養成所臨時養成科規程」が制定され，農業を主とする「第一臨時養成科」が青年学校教員養成所に，水産を主とする「第二臨時養成科」が小樽水産学校内に設置された。共に修業年限1年で，同年の募集人員は，「第一臨時養成科」が50名，「第二臨時養成科」は15名であった。また，通常の養成所卒業者は公立青年学校教諭の資格を得られたが，臨時養成科卒業者は公立青年学校助教諭の資格を与えられ，助教諭を3年以上経験したのちに教諭となることができ，その差は初任給にも表れていた。第一臨時養成科は，その後2年で廃止となるが，第二臨時養成科はその後も存続し，1944（昭和19）年，庁令第61号「北海道庁立青年学校水産教員養成所規程」により，「北海道庁立青年学校水産教員養成所」（修業年限1年，定員20名）となり，独立するという経緯を辿る[6]。

　この小樽に設置された第二臨時養成科に関する記述が『小樽水産高等学校80

年史』[7]にあり，1938（昭和13）年入学者に対する教育課程が記述されていたので表4-4に示す。表4-4のように，教科・科目は「修身公民」「国語」「国史」「地理」「漁撈」「養殖」「製造」「航海運用」「海洋」「水産化学」「水産生物」「気象」「経営法規」，体操として「体操」「教練」「武道」，実習として「漁撈」「養殖」「製造」があった。これらの内容は，当時の小樽水産学校の教育課程に酷似しているが，通常5年間で行うものを1年で行うことによりその時間数は大幅に減少される点，そこにさらに教員養成ということで，教育科目として「教育学」「教授学」「心理学」「管理法」といった内容を扱っていたという点で大きく異なる。

　この第二臨時養成科の修了生は，主として漁村に存在する青年学校の教員として赴任し，1947（昭和22）年の廃止までに，97名の修了生を出している。

表4-4　第二臨時養成科教育課程

修身公民	航海運用	体操	体操	教育	教育学
国語	海洋		教練		教授学
国史	水産化学		武道		心理学
地理	水産生物	実習	漁撈		管理法
漁撈	気象		養殖		
養殖	経営法規		製造		
製造					

4　「青年学校」の呼称に関して

　今回調査の対象とした地域では，全国的には1935（昭和10）年の勅令「青年学校令」によって設置されることとなった青年学校ではなく，勅令公布以前から「青年学校」という名称をもつ学校の存在を4町すべてで確認できた。その状況を，以下に記述する。

　『今金町史』(p.340)，『改訂 今金町史 上巻』(p.741)には1933（昭和8）年，「北海道庁令青年学校令に基き」，今金尋常高等小学校に"今金青年実業学校"

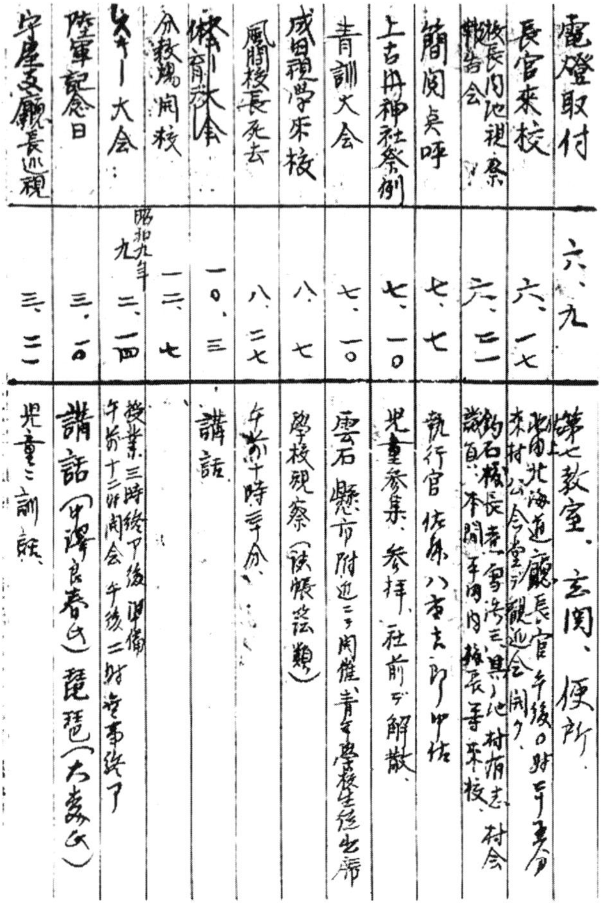

写真 4-6　久遠小学校沿革誌

(※　右から 6 項目，"青訓大会"に1933（昭和 8）年，参加していることが記述されている。)

を併置開校したと記され，翌年には他の各小学校に併設されていた"青年訓練所"を"青年実業学校"とし，さらに翌年，勅令によって「今金実業青年学校」となり，他の学校も同様に名称の変更を行っている。

また，『開基百年記念 瀬棚町史年表』(p.37) には，1933（昭和 8）年の項目

第4章　今金町・瀬棚町・大成町・乙部町における青年学校の設置と技術教育　85

に「檜山管内の青年訓練所を青年学校と改正」と記され，『瀬棚學校　開校百周年記念誌』(p.18)には1934（昭和9）年に「青年学校開校式　本校で挙行」の記述がある。『大成町史』(p.548)にも，1933（昭和8）年にすでに青年学校が存在していたという記述が見られ，『久遠小学校沿革誌』(写真4-6)においてもその存在は確認できる。『乙部町史　下巻』(p.481)においても前述（本章2.1.4）のように，1933（昭和8）年に各小学校の地名を冠して「実業青年学

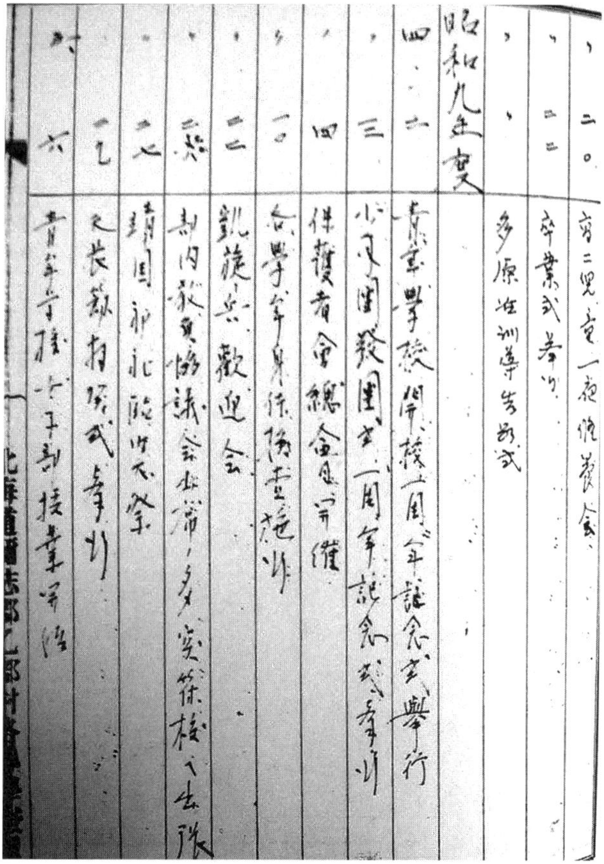

写真4-7　乙部尋常高等小学校学事報告沿革誌料綴
（※　右から4項目，青年学校が1934（昭和9）年で1周年を迎えていることを記している。）

校」が開設されていることが述べられ（町史による記述では1935（昭和10）年での名称変更はなく，1940（昭和15）年"実業"を除く名称変更をしている），これは乙部町公民館に保管されている『乙部尋常高等小学校学事報告沿革誌料綴』（写真4-7）においても確認できる。

　各町では1935（昭和10）年の勅令公布以前に，「青年学校」と称する学校が設立されていた。これまでの調査研究でも聞き取りや資料から，第1章では森町の「濁川青年学校」（1931【昭和6】年に「濁川農業補習学校」から改称），第3章では北檜山町の「東瀬棚実業青年学校」，「小倉山実業青年学校」，上磯町の「谷川青年学校」など，勅令公布以前からの青年学校の存在がみられる例がある。『今金町史 上巻』の記述から，北海道庁によって1933（昭和8）年以前に「青年学校令」が出されていたことが明らかになり，『開基百年記念 瀬棚町史年表』から，その「青年学校令」に檜山地域全体がしたがっていた可能性がある。

　また，これら1935（昭和10）年以前の「青年学校」の実態を示すものとして，前出の資料『乙部村事務報告』（本章2.1.4）では，1933（昭和8）年2月20日に提出され議決している乙部，明和，突符の3地区の「青年學校設置ノ件」とそれに伴う「實業青年學校學則」の記録がある。その学則によると，「實業補習學校規程」により設置するものとされ，男子部として，本科2年（高等小学校卒業者対象），高等科4年（本科終了者対象）を置き，女子部として，予科2年（尋常小学校卒業者対象），本科2年（予科又は高等小学校卒業者対象），補習科2年（本科終了者対象）を置くとしている。表4-5はそのうちの男子部のみの教科目及び時数を示したものであるが，1ヵ月約20時間，1ヵ年で240時間を配当している。なかでも「水産」の内容は，「水産大意」「本村水産上適切ナル事項」と示されており，青年学校職業科に通ずるものがある。女子部に関しては，予科では「修身公民」「国語」「数学」「家事裁縫手芸」「実業」があり，年間280時間，本科・補習科では「修身公民」「家事裁縫手芸」「実業」のみとなり，年間240時間を配当している。「実業」では男子部の「水産」の内容と同様であったが，年間10～15時間程度とその時数は少ない。

第4章　今金町・瀬棚町・大成町・乙部町における青年学校の設置と技術教育

表4-5　実業青年学校の教科目及び時数

	本科1,2年	高等科1-4年
修 身 公 民	30	20
国　　　　語	30	20
数　　　　学	30	20
歴　　　　史	—	10
地　　　　理	—	10
水　　　　産	100	60
体　　　　操	50	—
教　　　　練	—	100
1ヵ年の総時数	240	240

※1933（昭和8）年から実施されているもの
（※『乙部村事務報告』より作成）

　乙部村では，その1年後に水産学校の設置を試み結果的に道庁によって不許可になったことは前述したが，その原案可決（2月24日可決）されたものとして「實業學校設置ノ件」とともに，「乙部水産學校學則」「實業學校建設ノ件」の記録がある（同じく『乙部村事務報告』より，巻末参照）。その學則では，「水産學校規程」により設立し，修業年限2年で定員150名とし，その学科（科目のうしろの括弧内の数は週の時数）は「修身及公民科」(2)，「國語」(5)，「英語」(1)，「數學」(5)，「地理歴史」(2)，「物理化學」(1)，「博物」(2)，「氣象」(1)，「水産通論」(5)，「海洋」(1)，「簿記」(1)，「圖画及唱歌」(1)，「体操」(3)，「實習」（不定時）となっており，科目及び時数は1，2年ともに同様であった。また「實業學校建設ノ件」では「総建坪数　木造トタン葺平家建坪百八十四坪」とその位置の記載はないが，新築することが記されている。この学校は結果的に不許可となってしまっているが，このような新校舎の建築や，この前年に乙部尋常高等小学校に小樽水産学校出身の布施氏が赴任していることなどから，そのスタッフ等も含めた施設設備にもかなり力を入れ，計画を立てていたことが推測される。

　以上のように，乙部村での1935（昭和10）年の勅令公布施行以前の「青年学

校」と称する学校の実態を見ることができたが，北海道庁や檜山支庁からの令は確認できなかった。しかし，実業補習学校と青年訓練所という2つの教育機関による効率の悪さが，青年訓練所発足当初の昭和初期から各府県市町村でも問題となっていたなかで，文部省において1929（昭和4）年社会教育局が置かれ文部省によって2つの教育機関を統一する「青年学校」構想案が1932（昭和7）年にまとめられている[8]。その構想案での教科目及び授業時数が乙部村における1933（昭和8）年の実業青年学校の教科目及び時数と類似していることから，この文部省の動きに反応しての設立計画ではなかったか。また，その中間に位置する北海道庁において1935（昭和10）年の勅令公布以前に「青年学校」の名称及び実質を許容する意向があり，それはまた町村の議会教育関係者の意向とも一致していたのではないかと考えられる。

5 『漁村青年讀本〔実業教育用教科書〕』[9]

　第1章では，「農業」に関する教科書（北海道地域対象のもの）を紹介した。今回，調査対象とした地域では水産を主産業としている地域が比較的多く，「水産」に関する教科書の存在を調査した。北海道地域を対象とした教科書は発見することができなかったが，1934（昭和9）年に大日本水産會より出版された，『漁村青年讀本〔実業教育用教科書〕』（1934.7.15印刷　1934.7.20発行）という書籍（写真4-8）を北海道教育大学附属図書館中央館において発見することができた。これは，全国の漁村に住む青年のために水産に関する一般的知識から専門的知識までが収められたものである。

　当時北海道庁より出されていた『北海道廳公報』[10]においても紹介されているのを確認した。『漁村青年讀本』の内容がいかなるものであるのか，記録として残すために以下にその目次をまとめたものを記す。

　原文中の旧漢字は現代漢字に改め，改められないものについてはそのまま表記した。

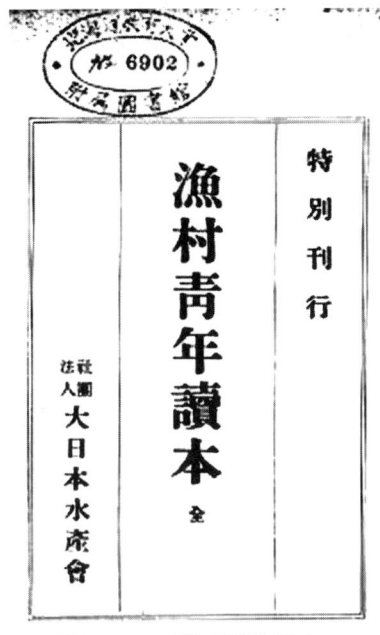

写真4-8 『漁村青年讀本』
(※標題紙を複写したもの)

漁村青年読本　目次
　第一章　我国と水産業
　　第一　我国の地勢
　　第二　我国の海況　　一，海底　二，海水の性質　三，潮汐と潮流
　　　　　　　　　　　　四，海流　五，海氷
　　第三　水産資源とその位置　国外に於ける我漁業者の活躍
　　第四　国民の資質と水産業　　第五　水産物は国民栄養の源泉
　第二章　漁村と青年
　　第一　漁村及漁業組合　　第二　青年は漁村更正の第一線に立つ
　　第三　漁村青年の長所と短所　　第四　漁村の衛生改善
　　第五　先進地視察　　第六　青年の協力と漁村の融和
　　第七　水産生物及漁場の愛護　　第八　公休日利用協力出漁
　　第九　漁村青年の三綱領
　第三章　水産行政
　　第一　水産行政機関　一，中央水産行政　二，地方水産行政機関

第二　水産試験機関　　一，中央水産試験機関　二，地方水産試験機関
　　　　　　　　　　　　　　三，植民地水産試験機関
　　　第三　水産講習機関　　一，水産講習所　二，地方水産講習所
　　　第四　水産業の統制
　　　第五　水産業の助長　　一，国費に依る奨励　二，国費に依る補助
　　　　　　　　　　　　　　三，国費に依る助成　四，府県に於ける奨励
　第四章　水産教育
　　　第一　水産教育の沿革
　　　第二　水産教育機関　　一，東京帝国大学農学部水産学科
　　　　　　　　　　　　　　二，農林省所管水産講習所
　　　　　　　　　　　　　　三，北海道帝国大学水産専門部　四，水産学校
　　　　　　　　　　　　　　五，地方水産講習所　六，水産補習学校
　　　　　　　　　　　　　　七，青年訓練所　八，其他の学校
　第五章　漁村経済
　　　第一　漁村経営の改善　一，共同施設の奨励　二，作業の統制
　　　　　　　　　　　　　　三，労力の合理化　四，販売方法の改善
　　　第二　金融
　　　第三　生活経済の改善　一，生活資料の自給自足　　二，副業
　　　　　　　　　　　　　　三，冠婚葬祭の改善
　　　第四　備荒，共済，貯蓄　　第五　漁村と信用組合
　第六章　水産物の販売
　　　第一　販売機関と販売方法　一，漁業組合直営共同販売　二，問屋業
　　　　　　　　　　　　　　　　三，仲買人　四，中央卸売市場
　　　　　　　　　　　　　　　　五，公設市場
　　　第二　出荷組合組織に依る販売　　第三　水産貿易　　第四　販売宣伝
　第七章　水産団体
　　　第一　漁業組合　　第二　漁業組合連合会
　　　第三　水産会法による水産会　一，郡市水産会　二，道府県水産会
　　　　　　　　　　　　　　　　　三，帝国水産会
　　　第四　大日本水産会　　第五　主なる水産団体
　　　第六　水産組合及水産組合連合会
　　　第七　同業組合及び同業組合連合会　　第八　工業組合
　第八章　水族
　　　第一　水族の分類　　第二　水族の分布　　第三　水族の形態・習性
　　　第四　水族の生活と呼吸
　第九章　漁撈
　　　第一　漁撈の意義　　第二　漁業の種類

第三　網漁具　一，抄網類　二，掩網類　三，刺網類　四，敷網類
　　　　　　　五，引網類　六，旋網類　七，建網類
第四　釣漁具　　第五　雑漁具
第六　網漁具の構成　一，網地　二，浮子　三，沈子　四，綱
第七　網漁具保存法　　第八　漁法　　第九　魚群の去来及豊凶の原因
第十　海流の移動　一，海流の成因
　　　　　　　　　二，海流方向の表示方法及流向の変化
　　　　　　　　　三，各大洋の還流及海流の種別
　　　　　　　　　四，海流観測
第十一　気象及海洋観測　一，気象観測　二，風力の階級　三，海洋観測
第十二　漁船　　第十三　舶用石油発動機
第十四　運用術　一，漁船の運用　二，航海
第十章　海上通信と魚群探見
　第一　無線電信電話の活用　　第二　水産業上飛行機の利用
　第三　海上通信と伝書鳩　一，伝書鳩の歴史　二，伝書鳩の用途
　　　　　　　　　　　　　三，伝書鳩の特殊性　四，伝書鳩の形態特徴
　　　　　　　　　　　　　五，伝書鳩の飼育場　六，飼料及び飼育法
　　　　　　　　　　　　　七，運動放鳩訓練　八，鳩の対抗競翔
　第四　手旗信号の利用　一，手旗信号開始の姿勢　二，原劃
　　　　　　　　　　　　三，原劃の組合せ
第十一章　水産製造
　第一　水産製造と水産業　　第二　水産製造の目的
　第三　水産製造原料　　第四　魚介藻の自己分解及腐敗
　第五　水産製造の設備　　第六　水産物と栄養価

各説
　第一　食用品　一，乾製品　二，塩蔵品　三，抄製品　四，刻砕品
　　　　　　　　五，醋醬品　六，？蔵品　七，燻製品　八，調味料
　　　　　　　　九，調味品　十，缶詰品　十一，低温貯蔵品　十二，食塩
　第二　非食用品　一，魚肥　二，フィッシュ・ミール　三，水産動物油
　　　　　　　　　四，魚膠　五，アイシングラス　六，水産皮革
　　　　　　　　　七，沃度及塩化加里　八，布糊　九，貝灰　十，貝鉛
　　　　　　　　　十一，貝殻の彫刻　十二，人造真珠　十三，鼈甲
　　　　　　　　　十四，鯨鬚　十五，セピヤ
第十二章　水産養殖
　第一　淡水養殖　温水性魚類　一，鯉の養殖　二，鰻の養殖
　　　　　　　　　　　　　　　三，鰡仔養殖

第二　鹹水養殖　一，紫菜　二，活州蓄養　三，蛎の養殖
　　第三　人工養殖　一，人工採卵　二，人工受精　三，人工孵化
　　　　　　　　　　四，孵化兒の飼育　五，放流　冷水性魚類
　　　　　　　　　　　　　　　　一，鮭の養殖　二，鱒の養殖
　　　　　　　　　　　　　　　　三，公魚の養殖
　　第四　移植
　　第五　蕃殖保護　一，禁漁期　二，禁漁場　三，漁具漁船の制限
　　　　　　　　　　四，漁法制限　五，体長制限　六，水質汚　七，魚梯
　第十三章　漁村青年の歩むべき道
　　第一　信仰
　　第二　人格の向上　一，自覚を有すること　二，心身の作用を統一すること
　　　　　　　　　　　三，理想を有して向上発展すること
　　第三　読書　　第四　習慣　　第五　雅量　　第六　言語の練習
　　第七　誠であれ　　第八　依頼心を去れ
　　第九　趣味　一，文学的趣味　二，娯楽的趣味　三，鑑賞的趣味
　　第十　軽佻浮華　　第十一　腕の人・頭脳の人　　第十二　七漁三農主義
　　第十三　小学校文庫及漁船文庫
　　第十四　社会奉仕　附，時化日和利用の協力労働
　第十四章　学ぶべき人・町村・組合
　　第一　水産界の偉人　高田屋嘉兵衛　　第二　水産界の恩人　村田水産翁
　　第三　水産界の功労者　關澤明青翁　　第四　漁村と中心人物
　　第五　優良漁業組合　附，下之一色漁業組合の経営事跡
　　　　　　　　　　　一，共同販売事業　二，遭難救恤事業
　　　　　　　　　　　三，漁業資本貸付事業　四，奨励事業
　　　　　　　　　　　五，共済事業　六，謝恩事業　七，保健事業
　　　　　　　　　　　八，各種記念事業其他
　第十五章　国民道徳と思想善導
　　第一　国家と我が国体　　第二　皇位と皇室　　第三　国民精神の発揚
　　第四　社会と個人　　第五　思想は健実に
　第十六章　漁村の共同事業と社会施設
　　第一　共同船揚場及び魚揚場　一，船揚場の構造　二，魚揚場
　　第二　漁港及船溜　一，港の起源　二，漁港の必要　三，漁港の分類
　　　　　　　　　　　四，漁港の種類　五，漁港の構造　六，修築漁港の一例
　　　　　　　　　　　七，内外国主要漁港概要
　　第三　築磯其他　一，築磯　二，磯掃除　三，海苔畑　四，輪採場
　　第四　遭難防止及遭難救済　一，遭難予防　二，遭難救助　三，遭難救恤
　　第五　婦人消防組　附，火災予防の注意

第十七章　海洋文学
　　第一　海と岩　　第二　短歌　　第三　俳句　　第四　漢詩　　第五　歌詩
　　第六　民謡　　第七　童謡　　第八　詩　　第九　俚謡
第十八章　漁業法規
　　第一　漁業及び漁業者の意義
　　第二　漁業権　一，漁業権の意義　二，漁業権の性質　三，漁業権の種類
　　　　　　　　　四，漁業権の内容　五，漁業権の得失と変更
　　第三　入漁権　一，入漁権の意義と性質　二，入漁権と得失と変更
第十九章　雑録
　　第一　魚附林　附，森林と漁業との関係
　　第二　海女(蜑女)の働き　一，海女の居村　二，海女の働き得る年齢と健康
　　　　　　　　　　　　　　三，就業期間・採取品名　四，志摩海女の働き
　　　　　　　　　　　　　　五，海女の潜水方法
　　　　　　　　　　　　　　六，家庭の主婦としての海女
　　　　　　　　　　　　　　七，海女の夾歴概要
　　第三　副業　一，副業の品種別　二，副業選定の標準
　　　　　　　　三，副業経営の必要事項
附録　水産諸統計

6　おわりに

　各町における青年学校の実態には，やはり各学校個々の多様性がみられた。その特徴は，地域の産業に即して行われる職業科の実践にもみることができた。軍事教練が主目的であったとされる青年学校であるが，調査対象地域においては，その地域の主産業を学校名の中に据える学校が多くみられた。職業科の内容として強く意識された結果ではないかと考えられる。

　職業科における実践の傾向については第3章で指摘していたように，商業・行政地域の町中心部は職業科の実践が乏しく，郊外の主産業が定まっている地域はその産業に即し教育実践が行われている傾向がみられた。瀬棚町はその典型としてあげられるのではないだろうか。そして，主産業が定まっている青年学校での実践は，久遠水産青年学校のように即時生産現場に，または戦後の自営に役立った有効な実践であったことを証明するものもあった。

また種川農業青年学校のように，地元の産業の有志により優れた教員を招くといった，地域住民の教育に対する期待の大きさの結果も認められた。教員については，日本海側に面する久遠水産青年学校や乙部水産青年学校では，小樽水産学校出身の水産専門の教員が各小学校に配置されて，職業科を担当していた。今回の調査において小樽水産学校内に設置された北海道庁立青年学校教員養成所第二臨時養成科の存在を知り，本報における調査対象地域の青年学校にその養成科出身の教員の方々がいることを当初予想していたが，今回の調査ではみられなかった。檜山地域は，今後調査対象となる地域も日本海に面している町が多いので，今後の調査で臨時養成科出身者による職業科の実践が明らかになる可能性がある。

　青年学校は軍事目的が主で，経費不足等の要因により，その施設や設備と教員数などに問題を抱えていたが，担当教員の力量や地域住民との関わりにより，その実践が当時生徒であった方々に有用な技術教育を実施していたことが認められた。

注及び参考文献
(1) 主に以下の各町史・各小学校記念誌，『改訂 今金町史 上巻』1991年，pp.741-747.『今金町史』1958年，pp.340-341.『豊田小学校開校80周年記念誌あゆみ』pp.35-36.『花石小学校開校70周年記念誌』1974年，pp.10-13.『開校百年記念誌たねかわ』1998年，pp.69.『今金町立中里小学校開校70周年記念誌』1978年．を参考とした．
(2) 主に以下の町史・町史年表・各小学校記念誌，『瀬棚町史』1991年，pp.1172-1176.『瀬棚町史年表』1991年，pp.49-55.『開基百年瀬棚町史年表』1980年，p.30,pp.37-39.『瀬棚學校 開校百周年記念誌』1979年，p.18.を参考とした．
(3) 主に以下の町史・各小学校記念誌『大成町史』1984年，p.477,548.『開拓百周年記念誌 久遠學校』1980年，p.47.『長磯學校 開校百周年記念誌』1982年，p.9.を参考とした．
(4) 主に以下の各町史・各小学校記念誌『乙部町史 下巻』2001年，p.481.『乙部町抄史』1979年，p.106,107,112.『めいわ 明和小学校改築落成開校70周年記念誌』1976年，p.6.『開校百周年記念誌 乙部學校』1978年，p.19.『乙部村事務報告』を参考とした．なお『乙部町史 下巻』と『乙部町抄史』の内容の齟齬については，『乙部町史 下巻』の内容を優先している．

(5) 調査対象者は,『種川小学校開校百年記念同窓生名簿平成10年版』1998年,『同窓生名簿学び舎をともにした人々瀬棚學校』1979年,『同窓生名簿共に学んだ人々久遠學校』1980年,『開校百周年記念誌 乙部學校』1978年,等で名簿作成・電話調査を行い,なかでも記憶の鮮明な方に対応していただいた.

(6) 以上の北海道の青年学校教員養成の経緯については,以下の文献,北海道教育研究所編『北海道教育史 全道編三』1963年, p.1178,1188,同『北海道教育史 全道編四』1964年, pp.452-453,同『北海道教育史 地方編二』1955年, pp.375-376,岩見沢教育史編さん委員会編『岩見沢教育史』1974年, p.561,565.を参考とした.

(7) 小樽水産高等学校『小樽水産高等学校80年史』1986年, pp.30-31.

(8) 中島太郎『近代日本教育制度史』(岩崎学術出版社,1969年) pp.791-794.東京帝國大學教育學研究室教育思潮研究室『教育思潮研究』(第7巻 第2号) (目黒書店,1933年) pp.246-248.復刻版岩波講座『教育科學』附録『教育』 (創刊号,1931年) p.55.同『教育』(第15号,1932年) pp.64-66.を参考とした.

(9) 大日本水産會『漁村青年讀本〔実業教育用教科書〕』1934年.

(10) 『北海道廰公報』(第509号,1934年),北海道立文書館蔵.

第5章 厚沢部町・上ノ国町・福島町・知内町・木古内町における青年学校の設置と技術教育

安藤　徹

1 はじめに

本章では，当時の青年学校生徒であった方々を中心とした聞き取り調査を行なった厚沢部町，上ノ国町，福島町，知内町，木古内町における青年学校の実態，北海道における青年学校制度について報告する。

調査・研究の主な方法は，前章までの方法を踏襲している。

2 青年学校の実態

2.1 各地域の青年学校の状況[1]

青年学校がそれぞれ，厚沢部町には7校，上ノ国町には6校，福島町には6校，知内町には5校，木古内町には5校存在した。以下に，各地域における青年学校の状況を示す。

2.1.1 厚沢部町の青年学校の状況[2]

厚沢部町（当時は，厚沢部村）では，1905（明治38）年に「俄虫」，「館」，「鶉」，「瀧廼」，「目名」，「鷲ノ巣」の小学校6校に修業年限3年の実業補習学校が併設された。その後，青年訓練所も各小学校に併設された。実業補習学校，青年訓練所は各小学校に併存し，1933（昭和8）年にはこれら機関は「青年学校」へと転換した。この「青年学校」のうち「鶉」に関しては，鶉小学校に保管されていた『鶉尋常高等小學校　學校一覽綴』内には青年訓練所を充当した実業補習学校で，「鶉青年學校」という名称であったことが記されている。村内のその他の「青年学校」においても同様の経過であったのではないか

と考えられる。

1935（昭和10）年以後には，「俄虫農業青年学校」，「館農業青年学校」，「鶉農業青年学校」，「瀧廼農業青年学校」，「目名農業青年学校」，「鷲ノ巣農業青年学校」の6校と，「鶉農業青年学校木間内分室」も合わせると7校の青年学校が存在した。男子職業科目は，すべての学校が「農業」であった。

『厚沢部村立木間内農業青年學校沿革誌』（写真5-1）によると，1939（昭和14）年4月1日に，前記の「鶉農業青年学校木間内分室」は「木間内農業青年学校」として独立する。これには，母体でもある小学校が木間内尋常小学校として独立したことが関係している。同沿革誌内の記述より表5-1にその生徒数，表5-2に出席率を示す。これによれば分室であっただけにそれほど生徒数が多いとはいえない状況であるが，その分，出席率は普通科では100%，本科では70～80%，研究科においても70～80%と高かった，といえる。

また，この学校の教員については，校長兼助教諭が1名，指導員が3名と計4名の体制であった。

写真5-1　木間内農業青年学校沿革誌（表紙複写）

表5-1　木間内農業青年学校在籍生徒数

年　度	普通科		本　　　科					研究科	合　計
	1年	2年	1年	2年	3年	4年	5年		
昭和15年度	1	1	6	5	5	6	5	5	34
昭和16年度	2	3	6	6	7	5	5	4	38
昭和17年度		2	7	5	5	6	5	4	34

表5-2　木間内農業青年学校出席率

	普通科	本　科	研究科
昭和15年度	100.00	78.51	73.74
昭和16年度	100.00	86.24	84.17
昭和17年度	68.5		

『鶉小學校　大正十五年以降　學事報告綴』によると，鶉農業青年学校の1941（昭和16）年度の出席率は約86％，翌1942（昭和17）年度の出席率は約79％と木間内農業青年学校に比較して低い。この原因について同資料には，1942（昭和17）年度には学校長の不幸と，農村労力不足の影響で出席等に一時的ではあるが停滞があったという記述がある。

この他，館農業青年学校については，青年学校生徒だけではなく地域全体に貢献していたようであり，地域住民の中心であり農事研究，家庭生活の改善合理化についても指導し，産業や生活文化の発展に大きな足跡を残していたと評価されている。

以上のように展開していた青年学校は，1943（昭和18）年に村内で，目名，瀧廼が「俄虫青年学校」に統合し分教場を設置し，木間内が「鶉青年学校」に統合している。館，鷲ノ巣の統合の動向については不明である。青年学校は1946（昭和21）年度まで存続し，その後廃校となった。

2.1.2　上ノ国町の青年学校の状況[(3)]

上ノ国町（当時は，上ノ国村）では，1926（大正15）年に6校の各小学校に青年訓練所が併設された。これら青年訓練所のうち「瀧澤」と「小砂子」と「上

ノ国」の３青年訓練所は，1933（昭和８）年に組織変更を行なった。すなわち，「瀧澤青年訓練所」と「小砂子青年訓練所」は同年４月１日付けで「瀧澤實業青年學校」，「小砂子青年學校」となり，「上ノ国中央青年訓練所」は同年４月３日付けで，「上ノ国中央青年學校」となった。小砂子と上ノ国の場合は，実業補習学校規程に基づいた実業補習学校であり，さらに上ノ国は青年訓練所を充当していた。このような3校の組織変更の事例は，同時期に小学校に併設されていた残りの３つの青年訓練所についても行われたと思われるが，それを記す資料はない。

　1935（昭和10）年以後には，「上ノ國実業青年学校」，「河北実業青年学校」，「瀧澤実業青年学校」，「早川水産青年学校」，「湯ノ岱農業青年学校」，「小砂子水産青年学校」の６校の青年学校が存在した。

　男子職業科目は，上ノ国と瀧澤が「農業」と「水産」，河北と湯ノ岱が「農業」，早川と小砂子が「水産」であった。

　『瀧澤實業青年學校 昭和二年沿革誌 二号』（写真５-２）による，1935（昭和10）年度から統合される前年度（1942年度）までの，瀧澤実業青年学校の授業

写真５-２　瀧澤実業青年学校沿革誌（表紙複写）

表5-3 瀧澤実業青年学校教授日数・時数

年度	授業日数		授業時数	教授及訓練科目（時数）				
				教練	修身	普通学科	職業科	家事
昭和10年度	63		247	95	24	128		
昭和11年度	59		194	99	25	80		
昭和12年度	59		202	95	29	78		
昭和13年度	60		217	95	25	93		
昭和14年度	72		215	70	25	120		
昭和15年度	男	94	310	104	31	175		
	女	40	183	20	14	35		75
昭和16年度	男	63	332	120	32	180		
昭和17年度	男	55	290	110	30	150		
	女	110	712		30	60	80	542

日数，総教授時数，教授及訓練科目ごとの教授時数を表5-3に示す。

これは，計画ではなく実施された数値である。1936（昭和11）年度と1937（昭和12）年度を除いて，青年学校規程で規定されている標準の時数を満たしていることがわかる。また，年間の授業日50～100日程度であること，『北海道青年學校名簿』では教授期間を通年としていることから，授業はおおよそ週に1～2回行なわれていたこととなる。教授及訓練科目については，1939（昭和14）年まで職業科は行われていないことになるが，同沿革誌の1938（昭和13）年度の職員の構成によると職業科の担当教員も示されていることから，少なくとも同年からは職業科が行われており，さらにそれ以前についても普通学科に含められている可能性もある。全体的に教練の割合は多いが，普通学科・職業科の配当時数も多い傾向にあるといえる。また，前年度分を含めている可能性もあるが，1942（昭和17）年度の女子，特に「家事」の時数が多いのも注目されるところである。

次に同沿革誌から，1935（昭和10）年度から1942（昭和17）年度までの，瀧澤実業青年学校の在籍生徒数について，普通科，本科，研究科を併せたものを

表5-4 瀧澤実業青年学校在籍生徒数

年度	普通科		本科					研究科	計
	1年	2年	1年	2年	3年	4年	5年		
昭和10年度	-	-	22	10	10	18	17	8	85
昭和11年度	-	-	21	19	5	11	11	8	75
昭和12年度	-	-	17	18	17	5	6	5	68
昭和13年度	-	-	12	17	14	16	5	6	70
昭和14年度	3	8	15	12	18	14	16	5	91
昭和15年度	4	7	20	16	12	14	9	10	92
昭和16年度	4	5	35	25	21	21	11	10	132
昭和17年度 男	2	6	33	25	24	21	7	15	133
昭和17年度 女	8	9	26	9	7	6	-	-	65

表5-4に示す。年度を追ってみていくと，多少の増減はあるがおおよその生徒が順次進級していたことがわかる。

1935（昭和10）年度から1942（昭和17）年度までの，瀧澤実業青年学校普通科修了者，本科卒業者，研究科修了者と，精勤であった者，出席率を表5-5に示す。表5-4と併せてみてみると，普通科，本科の最終学年と研究科それぞれの在籍数と，卒業・修了者数とが必ずしも一致せず，卒業・修了者数が著しく少ない年度もあることがわかる。これは，出席時数が足りなかったり，止むを得ず退学したりした者が少なからず存在したことを意味している。また，表5-5の元資料には，卒業・修了に要する修得時数は，年間授業総時数のおおよそ5割～6割以上であることを示しており，これは文部省の通牒による8割という数字を下回り，ある程度緩やかな規定をなしていたことがわかる。出席率を見れば，全員がこの数字（5～6割）を満たしているようにも感じられるが，実際の卒業・修了者数が少ないという事実から考えると，出席率の高い者と低い者との差が非常に大きかったのではないか，ともいえる。これは，出席の状況や学業成績優良な者に該当すると思われる「精勤」の数が，生徒数の半数前後を占めていることからもいえるのではないだろうか。

表5-5 瀧澤実業青年学校卒業・修了者数，精勤者数及び出席率

年　度	卒業・修了者			精勤者	出席率
	普通科	本科	研究科		
昭和10年度	－	9	3	28	67.7
昭和11年度	－	5	1	28	78.4
昭和12年度	－	6	5	40	80.5
昭和13年度	－	4	1	42	77.7
昭和14年度	7	10	8	15	69.5
昭和15年度	男 6	10	4	－	82.5
	女 3		5		71.8
昭和16年度	男 5	12	5		74.7
昭和17年度	男 7	6	10		77.7
	女 6	8	3		32.5
計	34	70	45	153	

　以上のような瀧澤実業青年学校の教職員には，小砂子水産青年学校においての水産「講習會」で講師を担当するような教員や，北海道庁立青年学校教員養成所第二臨時養成科を卒業し「助教諭」資格を取得した教員，神尾信雄氏もおり水産に関して優れた実践が行われていたと考えられる。また，学校の経費については特定の時期（1939年度と村内寄附金が多い1940年度）を除くと，かなり少ない状況であったといえる。この経費不足のためか，青年学校の設備は貧弱であったように思われる。

　また，瀧澤実業青年学校に限らず，町村，支庁単位で各年度に一度以上は教員のための講習会や研究会が開催されていた。そして瀧澤実業青年学校は1942（昭和17）年4月1日に「実業」を除き，「瀧澤青年学校」と名称の変更を行っている。

　以上，瀧澤青年学校の資料からその状況を述べた。村内の各青年校は1943（昭和18）年，「中央青年学校」「早川青年学校」の2校に統合され，河北，湯

ノ岱，瀧澤，小砂子はこの分教場となっている。各校の位置も考慮すると，おそらく上ノ国，河北，湯ノ岱の3校と，早川，瀧澤，小砂子の3校との3校ずつの統合ではなかったかと思われる。

2.1.3 福島町の青年学校の状況[(4)]

　福島町（当時は，福島村と吉岡村と異なる自治体）には，青年訓練所が福島村の「福島」，「浜端」，「岩部」，「綱配野」，「白符」と吉岡村の「吉岡」と合わせて6つ存在した。1933（昭和8）年には，このうち白符と吉岡を除く，4つの青年訓練所が「青年学校」という名称に変更した。

　1935（昭和10）年以後には，福島村に「福島青年学校」，「濱端青年学校」，「岩部青年学校」，「綱配野青年学校」，「白符青年学校」，吉岡村に「吉岡青年学校」と6校の青年学校が存在した。男子職業科目は，福島が「水産」と「農業」と「商業」，綱配野が「農業」と「鉱業」，吉岡が「水産」，その他の青年学校は「農業」と「水産」であった。

　吉岡青年学校は，軍事教練が盛んであったようである。また，青年学校教育の内容を窺える内容として町史には，「青年学校教育は，公民養成と軍事教練の2点にしぼられ，時間割の半分は軍事術課訓練に費やされ，晴天日は野外教練，雨天の日は術課学課や，公民，職業に充てられていた。軍事教育の責任者として指導員及助教がいたが，これには在郷の優秀な兵役経験者が充てられていた。学校には三八式歩兵銃の使用不能で菊花紋章を削ったものや，同型の模擬銃，帯剣が備え付けられ，さらには十一年式軽機関銃，九九式軽機関銃，鉄帽，ガスマスク等が配備され，各個教練，編隊教練，戦闘教練が行われ，また，銃剣術の練習や，藁人形を使っての特別刺殺訓練等毎日にように実践さながらの教練が行われていた。これらの生徒の中には防空監視哨の哨員となったものもあり，町役場の勧誘等もあって，陸海軍の軍人に志望するものも多かった。」[(5)]との記述があり，福島の地域全体についても軍事教練が中心であったという捉え方をしている。1943（昭和18）年には，青年学校統合に伴って，綱配野青年学校は福島青年学校の分校となるかたちで統合した。

　青年学校の廃校に関しての記述を見出すことはできないが，1947（昭和22）

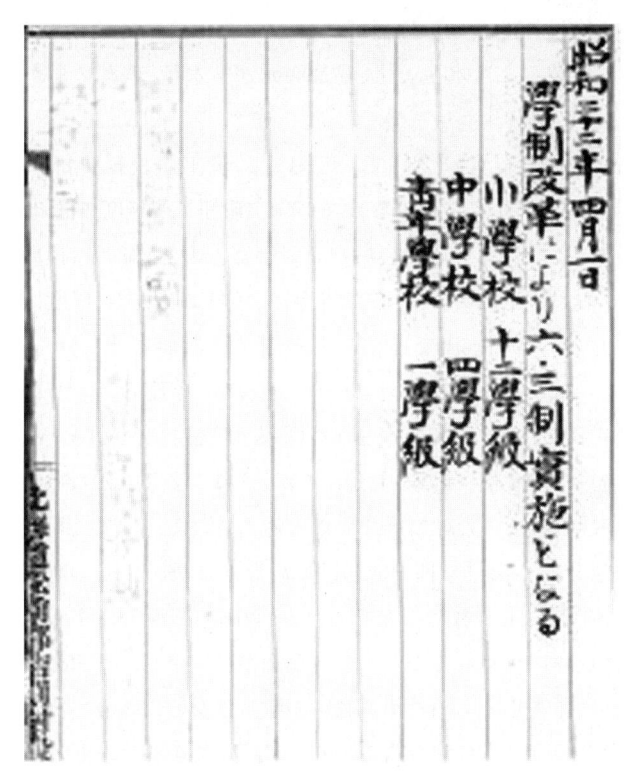

写真5-3 『吉岡小学校沿革誌』（複写）

年4月1日の時点で，吉岡村に青年学校が存在していた事実の記述を写真5-3に示す。これは『吉岡小学校沿革誌』における記述であるが，学校教育法施行後の新学制下のなかで青年学校が存続していたことがわかる。

2.1.4 知内町の青年学校の状況[(6)]

知内町（当時は，知内村）では，実業補習学校と青年訓練所がともに，「知内」，「矢越」，「涌元」，「中ノ川」，「萩砂里（湯ノ里）」の各小学校に併設されていた。

1935（昭和10）年8月にこれら両機関を統合して青年学校が発足した。各青年学校の名称はそれぞれ，「知内青年学校」，「矢越青年学校」，「涌元青年学

校」,「中ノ川青年学校」,「湯ノ里青年学校」であった。男子職業科目は,知内と中ノ川が「農業」と「水産」,矢越と涌元が「水産」,湯ノ里が「農業」であった。

　次に,青年学校の経営について,町史[7]に青年学校経費が記載されている。それによれば,村の財政のなかで1936（昭和11）年度の青年学校の経費は,予算・決算ともに村の歳出合計の3％ほど占める1,700円程度で1校当りに換算するとおおよそ340円（5校で計算）,1941（昭和16）年度は村の歳出合計の6％ほどの4,300円程度で1校当りに換算すとおおよそ1,075円（4校で計算）であった。この額は,たとえば1941（昭和16）年度の場合で確認すると,北海道の青年学校1校当りに充てられた国家予算額（4,449円）と国庫補助金（342円）を合算した金額（括弧内数値は第2章より）よりもかなり少なく,その経営は厳しい状況にあったのではないかと考えられる。同じく町史には,知内町の青年学校について,「年間一二〇時間のなかで教練に七〇時間」とあるように総時数の半数以上が教練に充てられ,「教師,指導者は小学校の教官が兼務し,授業は夜間に行われること」や「農漁業に従事し,一家の重要な労働力となっている勤労青年であるため,教練の激しさなどにより,授業と仕事の両立が難し」いというように記されており,教練以外の科目を行うことが非常に困難であったことが窺える。

　知内小学校に保管されていた,知内青年学校の『卒業台帳』（写真5-4）に記載されている卒業者数を表5-6に示す。これによると,1936（昭和11）年1月6日付けで4人,1936（昭和11）年6月26日から1937（昭和12）年3月23日の間に10人,1938（昭和13）年1月6日から同年3月10日の間に6人,1938（昭和13）年12月10日付けで7人,1939（昭和14）年3月23日付けで10人,1940（昭和15）年3月20日付けで6人,1941（昭和16）年3月20日付けで5人,1946（昭和21）年3月20日付けで男子13人,女子4人,計65人の卒業生氏名がそれぞれ記されていた。女子の氏名が記されていたのは,最後の年だけであった。

　この人数を『北海道青年學校名簿』に記載されている当校の在籍者数と比較してみると,非常に少ない。青年学校に在学はしてはいるが,出席状況等の問

写真 5-4 『卒業台帳』（表紙複写）

題から実際卒業できたのはごく少数であったといえる。

また，卒業生が記されていない期間（1942〜1945年）については，戦局悪化に伴って，青年学校が機能していなかったのではないかと想像できる。このよ

表 5-6 知内青年学校卒生生徒数

卒 業 年 月 日 及 び 期 間	人　　数
1936（昭和11）年 1 月 6 日	4
1936（昭和11）年 6 月26日〜1937（昭和12）年 3 月23日	10
1938（昭和13）年 1 月 6 日〜1938（昭和13）年 3 月10日	6
1938（昭和13）年12月10日	7
1939（昭和14）年 3 月23日	10
1940（昭和15）年 3 月20日	6
1941（昭和16）年 3 月20日	5
1946（昭和21）年 3 月20日	（男） 13 （女） 4

うな資料が残っているのは非常に珍しい。なお，この種の資料は，これまでの調査においては初見であった。

2.1.5 木古内町の青年学校の状況[8]

木古内町（当時は木古内村，1942年に木古内町となる）には，実業補習学校が「札苅」，「鶴岡」，「泉沢」，「釜谷」のそれぞれ小学校に併設されており，青年訓練所は「木古内」，「札苅」，「釜谷」の各小学校に併設されていたことが確認できている。

青年学校については，1935（昭和10）年以後は，「木古内青年学校」，「鶴岡青年学校」，「札苅青年学校」，「泉澤青年学校」，「釜谷青年学校」と5校の青年学校が存在した。男子職業科目については前掲書(1)によれば5校とも，「農業」と「水産」と「商業」であった。

2.2 職業科の実践について[9]

聞き取り調査は，厚沢部町においては「俄虫農業青年学校」（聞き取り対象者2名），上ノ国町においては「上ノ國実業青年学校」（同2名），福島町においては「福島青年学校」（同2名），「濱端青年学校」（同1名），「岩部青年学校」（同1名），「綱配野青年学校」（同1名），「吉岡青年学校」（同6名），知内町においては「矢越青年学校」（同3名），木古内町においては「泉澤青年学校」（同1名），「鶴岡青年学校」（同1名）に実施した。その調査により得られた各青年学校の実態と，職業科の実践内容について以下に示す。

2.2.1 俄虫農業青年学校

聞き取り調査は，俄虫農業青年学校本科に1935（昭和10）年4月に入学した尾山忠次郎氏（厚沢部町字新町在住）と，1938（昭和13）年4月に入学した森藤与四郎氏（厚沢部町字新町在住）の2名に対応していただいた。俄虫農業青年学校は俄虫尋常高等小学校に併設されていた。1学年にはおおよそ20〜25名がおり，半強制的に入学させられていたようである。教室については，普通教室が4教室と裁縫室が1教室あり，普通教室の4つを普通科，本科1，2年生，本科3，4年生，研究科というように4つに分けて使用し授業をしていた。授

業では修身及公民科はなく，普通学科の内容として「いろは」等の読み方や算術を学んでいた。教練科にはかなり時間を費やしていたが，しかし青年学校の設備は不十分で，教練のための木銃くらいであった，ということである。

俄虫農業青年学校では，職業科目には「農業」を充てていた。

尾山氏によれば，ボルドー液の生成方法と，その使用方法として馬鈴薯の栽培に際しては「2～3回散布する」ということを学んでいた。

ボルドー液の生成方法やその使用方法については，森町の濁川青年学校（第1章）や北檜山町の東瀬棚実業青年学校，大野町の大野農業青年学校（第3章）においても実践されていた。また，職業科の教授及訓練要目にも，作物保護として病害・虫害防除や薬剤についてその調整と使用に関する内容が示されており，実践的で非常に優れた授業であったといえる。

3年後輩の森藤氏からは，「農業」の実施内容を聞き取ることはできなかった。

2.2.2　上ノ國実業青年学校

聞き取り調査は，上ノ國実業青年学校本科に1936（昭和11）年4月に入学し翌年退学した岩坂与惣助氏（上ノ国町字上ノ国在住）と，1940（昭和15）年4月に入学し1944（昭和19）年3月に退学した武田千代治氏（上ノ国町字北村在住）の2名に対応していただいた。

上ノ國実業青年学校では，岩坂氏によれば，授業は本科1～5年生合わせて10～15名程度が出席しており，週に2日（2回）程度，期間は12～3月に行われた。実施の状況は，1時間目に運動場で銃剣術等の教練を行ない，2時間目に座学で職業科目の「農業」と「水産」の2科目の中で，選択している科目へと分かれ，別々に授業を受けるという形態であった。武田氏によれば，青年学校への進学の状況は，出稼ぎから冬期間のみ帰ってくる者，日雇い等で地域に残る者，地元家業を継いだ者等を合わせて3割ほどであった。実施の状況は，授業は週に2～3回，夜7～9時に行われ，その内容は「ソロバン」であった。教室は全学年同じ教室で，青年学校の設備等は特になかった。規定されていた時数に足りず，学校に宿泊して規定時数を満たしていた。10月の稲刈りの

終了後に査閲が行われた。

前述のように上ノ國実業青年学校では，職業科目に「農業」と「水産」があり，その科目を生徒が選択するという形態であった。聞き取り調査を実施した2名とも，「農業」を選択した方であった。そこでは，馬鈴薯，豆に関する内容を学んでいた。岩坂氏によれば，1937（昭和12）年には，教員の引率で大野町農家への見学を行い，水田の害虫駆除の方法を学んでいた。武田氏によれば，馬鈴薯の病気の対策について学び，馬鈴薯品種はメークインであった。他に堆肥の作り方を学んでいた。

この「農業」を担当していたのは高等小学校の教員であった葛籠喜久雄氏によるものである。葛籠氏は，農業に関する専門の教員養成機関である北海道庁立実業補習学校教員養成所を卒業しており，農業に関し専門の知識を備えていた方ということができる。また，武田氏からは青年学校で在学して得たものとして，「堆肥の作り方は非常に有効であった」，ということであった。農業の授業の一環として，大野町への見学という，農業では先進的であった地域の農家を訪れての実地指導は，生徒の刺激となり，有効な実践であったと考えられる。また，馬鈴薯についての病害対策や，堆肥の作り方についても聞き取り対象者からの感想にもあるように，家業の営農に役立つ実践であったといえる。

2.2.3 福島青年学校

聞き取り調査は，福島青年学校本科に1943（昭和18）年4月に入学し1945（昭和20）年に退学した中塚喜弘氏（福島町字月崎在住），同時期に同青年学校女子部の裁縫担当教員であった千葉（旧姓，杉沢）キセ氏の2名に対応していただいた。

福島青年学校は，福島尋常高等小学校に併設されていた。小学校卒業後，他の土地へ働きに出たり，地元に残っても青年学校には行かなかったりした人もあり，実質的な青年学校への出席率は，該当者の約3分の1程度であった。実施の状態は，通年で学科等の授業は，週に2回程度夜間に行なわれていた。職業科の内容に関しては，「農業」と「水産」が行われていた。設備としては，教練で使用する木銃や，職業科で使用する農具とそれを保管しておく物置が備

えられていた。軍事教練は，竹やり，木銃，機関銃などを使用していた。教練の一環として，白神地区の要塞の監視所に青年学校から20人，軍人等40人を合わせて60人で，1週間ほどの間隔で5人ずつの交代で入っていた。

　職業科では，「水産」と「農業」が実施されていた。

　「農業」では，座学で資料を集めるなどして，教員による手作りのガリ版刷りの教材を使用しての授業が実施されていた。実習では，馬鈴薯やカボチャの栽培を通して，畝や肥料についても学んでいた。実習は，本業である漁業の海が時化の時，昼間に行なわれた。また，泥炭地の対策として土地を掘り起こし，小枝を束ねたものを埋め，土をかぶせるという土地改良の一つである暗渠排水[10]についても実習を行っていた。

　「水産」では，座学で水産に必要な知識に関する内容，漁業一般の知識を学んでいた。

　以上の職業科「農業」の担当教員は大島日出生氏（写真5-5参照）であった。時代的にも，食糧増産が第一目的であり，すぐ食べられるものとして馬鈴薯等を選んだのではないかといえる。また，水産が主産業のこの地域にとって，農業の学習は大変貴重であったということであった。土地改良については，千葉氏より聞き取りした内容である。千葉氏によれば，土地改良と開墾に関して，現在の福島中学校付近の土地を男子部生徒が，現在の福島小学校付近の土地を女子部の生徒が担当していたということも聞き取ることができた。

　職業科「水産」は，高野光雄氏（写真5-5参照）が担当していた。この方は，福島青年学校を依願退職した後に小樽水産学校（現在の小樽水産高等学校）に設置されていた北海道庁立青年学校教員養成所第二臨時養成科に入学し，1年後に卒業している。また，中塚氏は，以上の座学のほかに実習について，操船に関する内容など，学んだ気もするということであったが，「漁業が本業のこの地域で漁業の実習に関して特に，教員から教えてもらうことはなかったのではないか」，と語っていた。また，授業とは別に時代背景から，食糧確保のため，昼間授業した特に小学校の教員達が，夕方からのイカ釣り船に一緒に乗るということもあったそうである。

写真5-5　福島青年学校教員・生徒[11]
※　中段左から3人目が調査対象者，前列左から教練担当教員，水産担当教員，農業担当教員，校長，女子部裁縫担当教員（調査対象者）

　中塚氏によると，福島青年学校は終戦直後（帰還後）からは，青年学校はまったく活動していなかったということである。

2.2.4　濱端青年学校

　聞き取り調査は，1942（昭和17）年4月に濱端青年学校本科に入学した金谷義春氏（福島町字月崎在住）に対応していただいた。濱端青年学校は，浜端尋常小学校に併設されていた。金谷氏が青年学校のことを，「夜学」と表現するように，学科に関しては夜に行われていた。軍事教練は昼間，手榴弾の実習など，査閲は福島尋常高等小学校において行われた。

　夜学の科目には，国語，社会，数学があり，国語では文字（漢字）の書き方，手紙（礼状）の書き方，「松・竹・梅」や「鶴・亀」の意味について教員の知識豊かな解釈による表現のもとで学んでいた。社会では，聖徳太子について，「大工の神」であったという内容を学んでいた。これら学科を担当していたのは，校長の飯田一義氏と教員の小笠原忠一氏の2名で，飯田氏は常識的な

内容を教えていた。小笠原氏は書道が得意ということから国語，その他社会，数学についても担当し，さらにロシア語の通訳をしていた経歴があり，ロシア語を教えたこともあったそうである。

　職業科の内容については，聞き取ることができなかった。

　ロシア語という非常に珍しい授業が展開されていた。小規模の青年学校においては，担当教員の得意分野により，教授内容に比較的自由度があったことを示したものであるといえる。金谷氏は，青年学校では漢字について非常に興味を持ち，卒業後も自分で勉強したそうである。また，青年学校のことを「世の中の仕組みを学んだ場所」だと語っており，金谷氏にとって青年学校は生涯の学習への契機を与える場だったのではないだろうか。

2.2.5　岩部青年学校

　聞き取り調査は，1931（昭和6）年4月に岩部青年訓練所に入所した麻生徳太郎氏（福島町字岩部在住）に対応していただいた。後に，青年訓練所は青年学校へと転換する。青年訓練所での内容と重複している可能性もあるので，以下に示しておくこととする。青年訓練所及び青年学校は毎日ではなく，漁ができない時化（しけ）の時やイカ釣りがない冬期間などの夜間を利用していた。そこでは，ソロバンが行われていた。

　職業科の内容については，聞き取ることができなかった。

2.2.6　綱配野青年学校

　聞き取り調査は，1940（昭和15）年4月に綱配野青年学校普通科に入学した山中義勝氏（木古内町字木古内在住）に対応していただいた。綱配野青年学校は各学年につき3～4名ほどの少数しかいなかった。そのため，山中氏の在学期間（1940年～）については，青年学校は実質的に機能していなかったのではないか，とのことであった。

　したがって，職業科の内容については，聞き取ることができなかった。

2.2.7　吉岡青年学校

　聞き取り調査は，吉岡青年学校本科に1937（昭和12）年4月に入学した菊地正義氏（福島町字吉野在住）と村田憲一氏（福島町字宮歌在住），1940（昭和15

年4月に入学した森田成郎氏（福島町字館崎在住），渡辺力氏（福島町字松浦在住），木村和男氏（旧姓小林，福島町字吉岡在住），三鹿誠治氏（福島町字吉野在住）の6名に対応していただいた。

菊地氏（1937年～在学）によると軍事教練が主であり，森田氏（1940年～在学）によると週に1回程度，夜に一般社会的な内容を学んでいた。

渡辺氏（1940年～在学）によると夜間通学し，一般社会的な内容を学び，木村氏（1940年～在学）によると，職業科では水産を学んでおり，三鹿氏（1940年～在学）によると読本教科書があった。

職業科の実践内容について，詳細な内容は聞き取ることができなかった。

2.2.8 矢越青年学校

聞き取り調査は，岡本実氏（函館市花園町在住）で1937（昭和12）年3月に矢越尋常高等小学校尋常科卒業，1939（昭和14）年3月同高等科を卒業，その後函館へ行き1943（昭和18）年に徴兵検査を受け，終戦後矢越に戻り，1946（昭和21）年から矢越小学校の教員となった方に対応していただいた。岡本氏は高等科時代（1937～1939年ぐらい）に，4～5期先輩の方たちが通っていた青年学校の様子を見たり，時には一緒に夜学に参加したりしたそうである。岡本氏から聞き取れた矢越青年学校の様子を，以下に示す。

矢越青年学校は，矢越尋常高等小学校に併設されていた。週に2～3回，夜学が行われ，出席生徒数はおおよそ20名。校長による国語，算数，また漁業協同組合の事務員で珠算が得意な方を講師に迎え珠算も行われていた。軍事教練は，昼間グラウンドで銃剣，木刀を使用し行われた。

他に，1938（昭和13）年4月に矢越青年学校本科入学した佐藤初三郎氏からは，夜学に通った記憶はあまりないが，青年学校の証明書をもらったということや，1938（昭和13）年に矢越青年学校入学した八木三郎氏からは，夜学で修身などを学んだということを聞き取ることができた。

職業科の実践については，佐藤氏からは聞き取れず，八木氏からは青年学校の実践であるかは定かではないが，地元にあった漁業協同組合に集まって，若い者は水産に関連する事項を学んだということを聞き取ることができた。岡本

氏には，青年学校に通う人たちは，漁業協同組合の建物で青年学校とは別組織において水産に関して学んでいた，ということを聞き取ることができ，これが八木氏の話していた内容であったと思われる。

しかし，岡本氏自身が高等科時代（1937〜1939年）には，漁業協同組合の協力により水産実習の場を提供され，そこを高等科生徒たちが管理し，ワカメやノリの繁殖についての観察，それらを売って遊具（ボール等）などを購入したそうである。この漁業協同組合が高等科生徒用に実習の場を提供していたのと同様に，青年学校生徒用に実習の場が確保されていた可能性もある。珠算においての，青年学校と漁業協同組合との協力関係も考慮すれば，当時漁業協同組合の単独で行われていたとされる，水産に関する学習も青年学校が関わっていた，さらに実習用の場の提供もあったのではないか，という可能性を指摘することができる。実際に，戦後，岡本氏が教員となってから，「社会学級」（一般に青年学級と称するものと考えられる）が，矢越ではかなり盛んで，その社会学級と漁業協同組合との協力により，小谷石と矢越岬の中間あたりを実習場として使用していたということである。

このように，矢越青年学校の確定的な職業科実践内容は聞き取れなかったが，珠算の内容における青年学校と漁業協同組合との連携協力がみられ，なんらかの実践がなされていたのではないかといえる。

2.2.9　泉澤青年学校

聞き取り調査は，1938（昭和13）年4月に泉澤青年学校本科に入学した吉田作次郎氏（木古内町字泉澤在住）に対応していただいた。

泉澤青年学校は週に2〜3回ほど夜学があり，そこでは主に「ソロバン」が行われ，その指導は小樽高等商業学校（現在の小樽商科大学）出身の教員が担当していた。これが，職業科の実践内容か否かは定かでない。

2.2.10　鶴岡青年学校

聞き取り調査は，1940（昭和15）年から青年学校の教練科の指導員となった原田義雄氏（木古内町字鶴岡在住）に対応していただいた。

鶴岡青年学校では，小学校の補習的な内容が行われていた。また，教練科の

ために38式の銃が35丁用意されていた。

職業科の内容については聞き取ることはできなかった。

3 北海道の青年学校制度[12]

　青年学校は，1935（昭和10）年4月1日公布，施行の勅令第41号「青年学校令」，文部省令第4号「青年学校規程」等により，その設置と教授及訓練科目等が示され制度化される。北海道では，これに対応するため従前の実業補習学校又は青年訓練所を「青年学校令」による青年学校と看做す通牒（1935（昭和10）年3月30日亥学第513号「青年学校制度実施ニ関スル事務処理ノ件」）が出されている。その後，同年6月14日に北海道庁令第33号「青年学校令施行細則」により青年学校の規定がなされる。この規定の内容は，「青年学校規程」とほぼ同様の内容であるといえるが，教授及訓練科目と時数についてその第10条に「規程第八条ニ依ル男子本科ノ各年ニ於ケル各教授及訓練科目ノ教授及訓練時数中各年ヲ通計シ修身及公民科ニ在リテハ百二十五時，教練科ニ在リテハ四百五十時以上トナスベシ但シ研究科ノ教授及訓練時数ト通計スルヲ妨ゲズ」とあるように，男子本科の修身及公民科と教練科については全国の標準を超えるよ

表5-7　青年学校の教授及訓練科目と時数（青年学校令施行規則）

	普通科		本科		
	男	女	男		女
	1,2学年	1,2学年	1,2学年	3-5学年	1-3学年
修身及公民科	20	20	20	20	20
普通学科	90	80	50	90	50
職業科	60	80	70		110
家庭科	-		-	-	
体操科	40	30	-	-	30
教練科	-	-	70	70	-
合計	210	210	210	180	210

うな特別な規定がなされていた。また，青年学校令施行細則（第11条）では，専修科についてその期間を3ヵ月以上1年以内とする規定もされている。このように，北海道では発足当初は，ほぼ全国標準の「青年学校規程」に則って青年学校が運営されていた。

青年学校は，1939（昭和14）年4月26日公布，施行の勅令第254号「青年学校令改正」，文部省令第24号「青年学校令施行規則」等により，義務制が実施されることになる。「青年学校令施行規則」は「青年学校規程」を廃止したことにより定められたもので，教授及訓練科目と時数が再び示されるが，従来の「家事裁縫科」が「家庭科」とされたことと，学年を「第1年」から「第1学年」と称するようになったこと以外は変化がなく教授及訓練科目と時数は「青年学校規程」と同様であった。「青年学校令施行規則」により定められたものを表5-7に示す。

北海道では，改正された「青年学校令」と新たな「青年学校令施行規則」に伴い，同年10月31日に北海道庁令第101号「青年学校令施行細則」が出される。これにより前述の「青年学校令施行細則」は廃止となる。この「青年学校令施行細則」では，教授及訓練科目とその時数が示されているのでそれを表5-8に示す。表5-7と比較してみると，すべての教授及訓練科目について5〜

表5-8　北海道の青年学校の教授及訓練科目と時数（青年学校令施行細則）

	普通科		本科		
	男	女	男		女
	1，2学年	1，2学年	1，2学年	3-5学年	1-3学年
修身及公民科	25	25	25	25	25
普通学科	113	100	63	113	63
職業科	75	100	88		138
家庭科	-				
体操科	50	38	-	-	38
教練科	-	-	90	90	-
合計	263	263	266	228	264

25時間前後多く時数を配当しており，そのため総時数も50時間前後多いことがわかる。他の府県ではどのような規定時数であったのかは不明であるが，このように北海道においては，文部省令の基準時数以上に多く配当していた。

4 おわりに

　本章では厚沢部町，上ノ国町，福島町，知内町，木古内町における青年学校の実態，特に職業科の実践に着目しその内容を明らかにし，また北海道庁では文部省令の規定時数を上回る時数を配当していたことを示した。そして，青年学校の資料として，厚沢部町の木間内農業青年学校，上ノ国町の瀧澤実業青年学校の沿革誌，知内町の知内青年学校の『卒業台帳』を調査中に発見した。資料的価値の高いものであり，青年学校関係資料が地域によっては残されていたことを示すものであったといえる。以上の調査より，調査地域における各青年学校の状況は，やはり多様であったといえる。

　調査地域の青年学校では，青年学校の教員養成機関出身者が赴任している学校が数校あった。上ノ国町の上ノ國実業青年学校には，北海道庁立青年学校教員養成所の前身である北海道庁立実業補習学校教員養成所出身の教員がおり，その実践内容を明らかにした。また実践の確認はできていないが，同町の瀧澤実業青年学校には，前章で報告した北海道庁立青年学校教員養成所第二臨時養成科出身の教員が在任していた。福島町の福島青年学校の職業科「水産」担当教員は，同校を退職した後に，第二臨時養成科へ入学していた。これは，教員自身がより新しく専門的な知識を，系統的に学ぶためのものではなかったかと思われる。

　職業科の実践は，厚沢部町の俄虫農業青年学校では，前章までにおいても実践例のあったボルドー液の生成方法がなされ，隣町の篤農家を訪問するといった充実した実践がなされていた。上ノ国町の上ノ國実業青年学校では，職業科が「農業」，「水産」を選択するという生徒の職業状況に配慮して行われ，堆肥の作り方について非常に役立つ実践がなされていた。福島町の福島青年学校で

は戦争末期であったが，食糧増産など時代の影響を受け，職業科がその要請に応えつつ教員の専門知識に基づく実践がみられた．そして，水産業中心の地域にとって青年学校で農業を教わることは，日常的には疎遠の産業の学習はその産業（農業）の認識を拡大することにつながり，価値あるものであったという感想を聞くことができた．また，資料の記述から，厚沢部町の館農業青年学校は，職業教育機関としての役割とともに，地域農業に関する牽引的役割を果たしていたと評価がなされていた．

職業科の内容を中心として青年学校が各地域において多様な展開をしていた実態を示し，なかには技術教育として有効な実践がなされていた学校も存在していたことが認められた．

注及び参考文献

(1) 男子の職業科目は『北海道青年學校名簿』による．この名簿は，北海道庁により1936（昭和11）年に発行されたもので，北海道立図書館に所蔵されていた．記載内容は，各支庁毎の各町村に存在する学校名とその併設小学校名，普通科・本科・研究科・専修科それぞれの修業年限，全生徒数，授業料，職業科目（註：農・工・商・水・家・裁），教授期間（註：通年又は季節），専任教員数，学校と停車場間の距離の以上が記載されている．

　また，青年学校教員のうち，北海道庁立実業補習学校教員養成所，北海道庁立青年学校教員養成所等を卒業した者については，『北海道教育大学岩見沢分校 創立50周年 同窓会員名簿』で確認をした．

(2) 滝野小学校開校百周年記念誌部編『開校百周年記念誌 安野呂』1982年，木間内小学校閉校記念事業協賛会『木間内小学校閉校記念誌 木間内』2002年，木間内小学校創立四十周年記念事業協賛会記念誌編集委員会編『創立40周年を迎える』1978年，協賛会事業部編『百周年記念誌 俄虫學校』1982年，鶉小学校百周年記念誌編集委員会編『うずら』1982年，美和小学校百周年記念誌部会編『開校百年記念誌 目名』1982年，『館小学校開校80周年記念誌』1962年，を参考にした．

　また，『厚沢部町史年表』1965年，pp.134-135，『厚澤部町史年表』1999年，pp.341-342，北海道教育研究所『北海道教育史 全道編三』1963年，p.755．も参考にした．

　鶉小学校に保管されていた『鶉尋常高等小學校 學校一覽綴』，『鶉小學校 大正十五年以降 學事報告綴』，『厚澤部村立木間内農業青年學校沿革誌』も参考にし

た．
　　町史である，厚沢部町史編集委員会編『櫻鳥　厚沢部町の歩み』1969年，厚沢部町史編集委員会編『櫻鳥　厚沢部町の歩み』第2巻1981年には，関連の記述はみられなかった．
　　なお，表5-1，表5-2，写真5-1は『厚澤部村立木間内農業青年學校沿革誌』により作成した．

(3)　小砂子小学校開校百周年記念記念誌編集委員『小砂子　開校百周年記念誌』1984年，『落成記念』1989年，『学校沿革誌資料　昭和61年度改訂』，上ノ国小学校『勝山　創立百周年記念誌』1978年，早川小学校開校百年記念記念誌部『早川　開校百年記念誌』1982年，を参考にした．
　　また，上ノ国小学校に保管されていた上ノ国小学校『開校二十周年記念記録』，河北小学校に保管されていた『河北小学校沿革誌』，滝沢小学校に保管されていた『瀧澤實業青年學校　昭和二年　沿革誌　二号』，小砂子小学校に保管されていた『小砂子尋常小學校　明治三十二年　學校沿革誌』も参考にした．
　　町村史である，松崎岩穂『上ノ国村史』1956年，松崎岩穂『上ノ国村史　続』1962年には，関連の記述はみられなかった．
　　なお，写真5-2，表5-3，表5-4，表5-5は『瀧澤實業青年學校　昭和二年　沿革誌　二号』により作成した．

(4)　福島町史編集室編『福島町史　第三巻　通説編下巻』1997年，pp.877-881，1010-1011，1013-1014，1026-1029，1032-1033，1039．を参考にした．また，福島町教育委員会においてこの町史の原稿（pp.877-881，p.1011．の部分）の複写を確認したが，出版された町史と内容に変わりはなかった．
　　また，記念誌編集委員会編『福島小学校創立百周年記念誌』1979年，浦和小学校編『開校五十周年体育館ステージ増築記念誌』1974年，千軒小中学校編『開校八十周年記念誌　綱配野』1981年，千軒小学校閉校記念誌編集委員会『千軒　閉校記念誌』2003年，記念誌編集委員編『開校九十周年記念誌　吉岡』1970年，吉岡小学校開校百周年記念事業協賛会記念誌編集部編『穏内』1979年，も参考にした．
　　また，吉岡小学校に保管されていた『吉岡小学校沿革誌』も参考にした．
　　なお，写真5-3は『吉岡小学校沿革誌』によるものである．

(5)　福島町史編集室編『福島町史　第三巻　通説編下巻』1997年，p.1039．

(6)　株式会社JICC編集『知内町史』1986年，p.477，pp.675-677，879-884，910-916．を参考にした．北海道教育研究所『北海道教育史　全道編三』1963年，pp.738-739．も参考にした．
　　また，協賛会記念誌作成特別委員会編『開校百周年・新校舎落成記念誌「中の川」』1991年，知内小学校『百年の礎』『知内學校　開校百周年記念誌』1979年，も参考にした．

(7) 株式会社 JICC 編集『知内町史』1986年, pp.675-677, 916.
(8) 木古内町史編さん委員会編『木古内町史』1982年, pp.702-705, 北海道教育研究所『北海道教育史 地方編一』1955年, p.213, 北海道教育研究所『北海道教育史 全道編三』1963年, p.739.を参考にした.
　　また, 札苅小学校百周年記念協賛会『創立百周年記念誌 札苅學校』1978年, 札苅小学校閉校記念事業実行委員会編集『木古内町立札苅小学校閉校記念誌 札苅小學校』2003年, 泉沢小学校創立百周年記念祝賀協賛会編『泉沢 創立100周年記念誌』1978年, 泉沢小学校編『泉沢 閉校記念誌』2003年, 釜谷小学校開校百周年記念誌事業部編『釜谷 開校百周年記念誌』1979年, 釜谷小学校閉校記念事業実行委員会編集『釜谷 木古内町立釜谷小学校閉校記念誌』2003年, 木古内小学校開校百周年協賛会『木古内小学校開校百周年記念誌』1978年, も参考にした.
(9) 調査対象者は, 協賛会事業部編『百周年記念誌 俄虫學校』1982年, 上ノ国小学校『勝山 創立百周年記念誌』1978年, 記念誌編集委員会編『福島小学校創立百周年記念誌』1979年, 岩部小中学校『岩部小学校創立80周年中学校創立30周年記念誌』1982年, 千軒小中学校編『開校八十周年記念誌 綱配野』1981年,『開校百周年 翔 吉岡小学校』1979年, 矢越小学校開校百周年記念協賛会記念誌編集部編『矢越 矢越小学校開校百周年記念誌』1982年, 泉沢小学校創立百周年記念祝賀協賛会編『泉沢 創立100周年記念誌』1978年, を参考にして抽出した.
(10) 浦上啓太郎, 市村三郎「泥炭地の特性と其の農業」『北海道農業試験場彙報』60号1937年, pp.148-149, 171-172. 以上の彙報は, web上の「農学情報資源システム」より参照した.
(11) 中塚氏が保管していた写真である.
(12) 北海道庁令, 通牒は北海道立文書館所蔵資料,『北海道廳公報』と『現行北海道廳例規』による.

第6章　熊石町・江差町・松前町・奥尻町・長万部町における青年学校の設置と技術教育

井　上　平　治

1　はじめに

　本章は，前章までの調査方法を引き継ぐ形で，当時の青年学校生徒であった方々を中心とした聞き取り調査を行った熊石町，江差町，松前町，奥尻町，長万部町における青年学校の実態，さらにこれまで再三述べてきた「青年学校」への呼称変更に関して一定の結論を得たので報告する。

2　青年学校以前の社会教育機関[1]～[4]

2.1　当時の社会状況の概観

　1922（大正11）年のワシントン軍縮会議を経て，職業軍人の就職先と世情不安を解消すべく軍部は兵役前の青年の教育に重点をおき，当時の文部省の意向を押し切った形で，1926（大正15）年「青年訓練所規程」が公布された。この規程第六条はいわゆる充当規程で，実業補習学校を充当することが可というものであった。これまでの調査においても1935年以前に「青年学校」に名称変更していた事例があったが，今回の調査において新たに名称変更に関わる資料を入手したので，3．において調査地域の各校設立年を中心に報告するが，それに先立ち青年学校の前身の実業補習学校及び青年訓練所について，それぞれの規程と設置背景を概観する。

2.2　実業補習学校

　小学校の教科を修了し職業に従事する者に対し，職業に関する知識技能や国民生活に必要な教育を行う（第一条）。修学期間は尋常小学校修了後，前期2

年（12〜13歳）後期2年（14〜15歳）その後研究科1年（原則）（第二条）。履修科目は修身，国語，数学，理科及び職業に関する科目を，女子には以上の科目に家事，裁縫，唱歌が加えられた。さらに男子・女子共に必要に応じ歴史，地理，体操，法制，簿記，外国語その他の科目より適宜選択して加設することを可能とした（第五条）。職業科目に関しては土地の状況に応じて工業，農業，商業，水産から選択して基礎的知識技能を授ける（第八条）とある。

既に存在していた補習学校は，義務教育後，就職及び家業に従事している者の中で修学を望む者に対して，小学校の校舎を利用して夜間を主として，所謂教養科目を教育していた。これを時の文相井上毅が普通教育に偏していることによる実業教育の不振を嘆き，ドイツの実業補習教育を調査して，実業教育の振興を図ることを目的として実業補習学校が設置された。

しかし，一方では日清開戦前夜を控え，「富国発展に資する人的資源の開発，殊に年少ブルーカラーの質と量の向上」[5]を目的とするとの見解もある。

2.3 青年訓練所

実業補習学校の設立過程に比較して，青年訓練所のそれは明確な違いがある。その理由は「まえがき」及び2．1において述べたので，ここでは省略する。

規程は，「訓練」期間は4年（第一条）。実業補習学校修了後16歳から20歳になるまで，つまり兵役を迎えるまでの期間である。4ヵ年通しての訓練総時数は800時間，その2分の1が教練であり，訓練科目は修身及び公民科，教練，普通学科，職業科が課せられていた（第五条）。注目すべき条項は第六条である。即ち「……実業補習学校ヲ以テ青年訓練所ニ充ツルコトヲ得」と，充当規程が設けられている。これは，軍部と文部省との間に軋轢があり，これを反映して実業補習学校校長会や世論は，兵士予備軍育成機関的機能を持つ青年訓練所設置に批判的であった。このことが軍部をして充当規程を設けざるを得ないと判断させたものであろう。なお，青年訓練所修了者は兵役6ヵ月短縮の特典が設けられていた。

2.4 青年学校規程公布以前の情勢

　実業補習学校校長会や市町村長会などにおいて，経済上及び運営上からも実業補習学校と青年訓練所の統一について決議が行われ，文相への建議が相次ぎ，また衆議院においても建議となった。こうした事態に応じて，文部省では両者の統一の研究がされつつあった。それまでは実業補習学校は実業学務局の，そして青年訓練所は普通学務局の管掌であったが，1929（昭和4）年社会教育局の設置により，管理を一元化し，これらを社会教育局青年課の管掌とした。

3　青年学校への呼称変更年について

3.1　熊石町

　熊石町史（1987年刊）によれば，「……日本からの派遣駐留軍の関東軍との間に事件は拡大し，昭和八年五月末の停戦協定まで続けられたのが満州事変である。政府はこの戦争には不拡大方針をとりながら，一方では国内総力の戦力化と軍需生産化へ指向したが，特に徴兵適齢期青年を予備兵力化するための指導教練機関として，青年学校の開設を考慮し，昭和七年に青年学校設置法を発布し（下線，筆者）壮丁青年小学校高等科卒業者は入学を義務化し，昭和八年四月一日で青年訓練所を廃止し，同年四月一日をもって高等小学校内に青年学校を併置して発足することとなった。熊石村では同八年二月の定例村会で，第一号議案として『青年訓練所廃止の件』として，雲石，相沼の二青年訓練所を四月一日限り廃止し，議案第二号では『水産青年学校設置の件』を可決し，四月一日より雲石水産青年学校，相沼水産青年学校がそれぞれ雲石，相沼尋常高等小学校に併置することになった。この学則は……」[6]とある。1933（昭和8）年に，共に実業を示す青年学校に呼称変更した。

　また，相沼小学校開校百周年記念誌の学校の沿革一覧に，「昭和八年四月一三日　相沼青年学校開校式」と前記の町史に対応する記事が見られた。ここには，実業を示す「水産」の二文字がない。

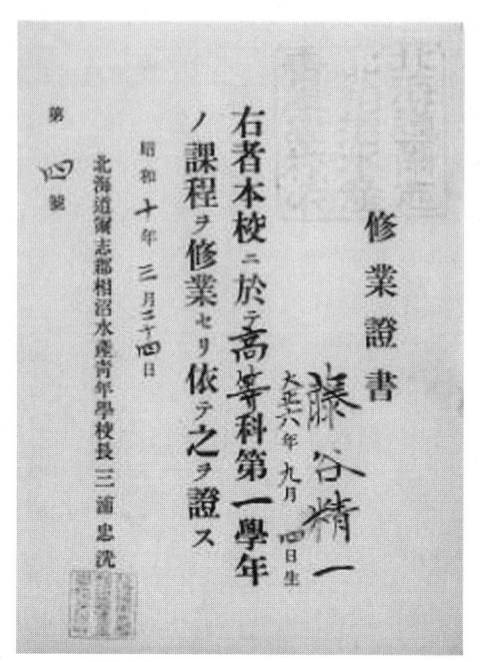

写真6-1　相沼水産青年学校修業證書

　なお，前記町史の引用文に続いて，「雲石水産青年学校学則」が示されていて第四条に男子部本科二年，高等科四年と修業年限が，また第九条に学科目，学科課程，授業時数が示されている。

　学科目は「修身公民科」，「普通科」，「水産」，「教練」と青年訓練所と同一科目であるが，本科，高等科合わせて総教授時数が1，460時間であり，「教練」のそれは500時間である。青年訓練所規程の基準時数の割合からすると，修身公民科及び教練の時数，さらに普通学科及び職業科の時数は多い。写真6-1は聞き取り対象者の方が保管していた相沼水産青年学校の修業證書であり，「昭和十年三月二十四日」の日付であり，青年学校令公布以前であることがわかる。

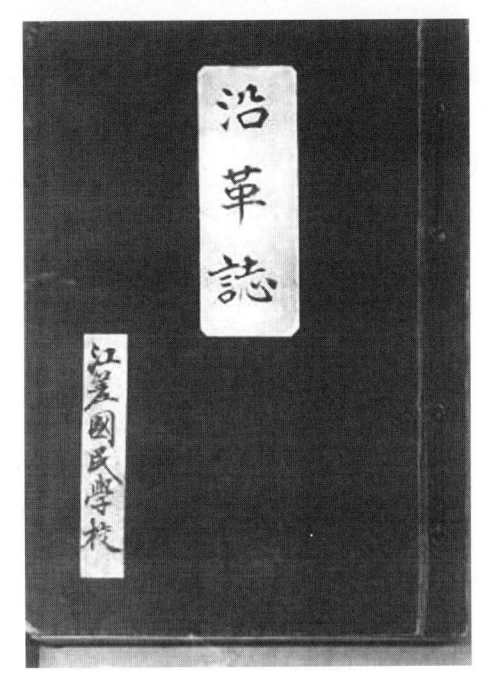

写真6-2　沿革誌江差國民學校

3.2 江差町

3.2.1 江差小学校

　1936（昭和11）年5月15日に柏樹尋常高等小学校と茂尻尋常小学校が統合して江差尋常高等小学校と改称する。「江差町史」[7]及び江差小学校開校百周年記念誌「遊鷗」にも，青年学校に関する記載はない。

　しかし，江差小学校が保管していた「沿革誌江差國民學校」（写真6-2）の1936（昭和11）年10月9日の記載事項として「御親閲拝受ノタメ午後十一時全校職員並ニ青年學校生徒（七十八名）……」とあり，さらに，江差実業青年学校昭和十二年度「卒修業証書台帳」には，本科1～5学年及び研究科の卒修業者名が記載されている。学年進行を考慮すれば1933（昭和8）年発足になる。

　また，前出の江差町史には，「……昭和九年四月五日東京日本青年会館で開催の『第八回全国郷土舞踊民謡大会』に，江差実業青年学校生徒演出の『船唄

網起音頭（船漕唄と切声音頭と沖揚唄)』が選ばれて出演し，好評を博した」[8]（下線：筆者）とある。このことからも青年学校令公布以前に実業を冠した青年学校が設立されていたことがわかる。

3.2.2 朝日小学校

朝日小学校（当時，泊村）の沿革誌によれば，大正15年の項に，「大正十五年七月一日　青年訓練所発会式ヲ挙グ」。また昭和8年の項に，「昭和八年三月二十九日　實業補習學校設置ニ関シテ現在ノ青年訓練所併置ノ朝日農業青年學校認可サル　學第四四三號指令　檜山郡泊村」の記載がある。また，朝日小学校開校百周年朝日中学校開校三五周年記念誌「おごろっぺ」の沿革の概要の項に「昭和8・3・17実業補習学校設置を認可される」，そして次に「3・29朝日農業青年学校が認可される」とある。学校沿革誌には実業補習学校の設立に関する記載は見当たらない。朝日小学校には大正15年設立の青年訓練所が存在している。前記の「昭和8・3・17実業補習学校設置を認可される」は，青年訓練所規程の第6条充当規程を利用するために，急遽合法的に講じた手段ではなかったかと推察する。

ともかく，実業（農業）を冠した青年学校の設立が昭和8年であったことが，写真6-3の学事報告表紙からも明確である。

3.2.3 水堀小学校

小学校保管の沿革誌閲覧に関する筆者の依頼に，沿革誌には「関連する記載事項なし」との学校関係者の返答であったが，水堀小学校70周年水堀中学校30周年記念誌「まつかぜ」（1977年発行）の沿革概要に次の記載がある。「昭和一二，一一，二五　校舎増改築落成（一八，〇〇〇円）　職員室　裁縫室　青年学校教室㊀　普通教室　計　三六五坪」。

以上からは，青年学校の設立年を決定づける記載事項を見いだせない。

3.2.4 日明小学校

日誌形式の同校沿革誌の昭和八年度に，次のような記載事項がある。即ち，「六月十七日　北海道廳長官田沢村通過，午前八時半，村長，村議，有志，青年学校生徒，兒童送迎ス」とある（筆者注：田沢と記載されているが，田澤が

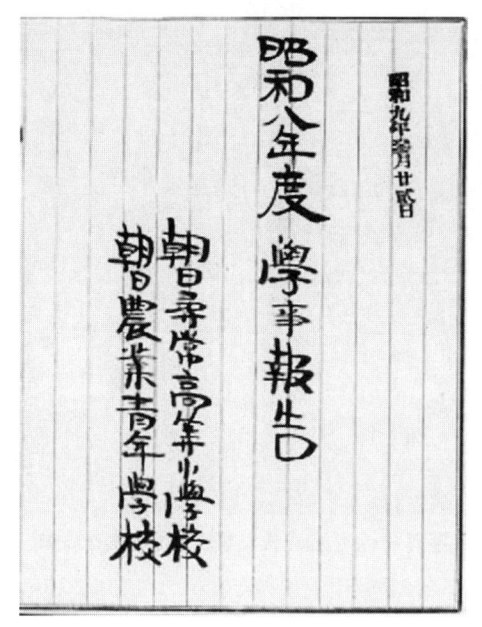

写真6-3　昭和八年度學事報告表紙

正確）。

このことから，昭和八年度には青年学校が存在していたことは確かである。しかし，日明小学校開校百周年記念誌「にちめい」（1978年発行）の「日明校百年の歴史（年表）」の項には，社会教育機関に関する事項は一切記載されていない。

3.3 松前町

3.3.1 松城小学校

　北海道の文化の発祥地でもあり，したがって道内でも創立がもっとも早い松城小学校の開校百二十周年記念誌「松城黌」（1994年発行）の記載に，「創立六十年記念帖」が存在しそれより抜粋した事項が記されている。それによれば，「大正十五年，青年訓練所令が公布され，公立福山青年訓練所が松城尋常高等小学校内に開所した。青年訓練所は，昭和八年青年学校へ移行し，昭和十四年

写真6-4　松城青年学校生徒の奉仕作業

には義務化された。……」とある。写真6-4は開校百周年記念誌「松城欅」（1974年発行）の「松城百年の歩み」の項に掲載されているものである。撮影年は定かではないが、この写真の左上に小學國語読本巻一の写真を重ね、その説明が「昭和8年、大正末期の『ハナ、ハト、マメ』から『サイタ、サイタ』の軍国調の教科書にかわる」と記されている。以上から青年学校令以前に青年学校の呼称を用いた社会教育機関が存在していたことは明確である。

3.3.2　原口小学校

原口小学校の沿革誌（写真6-5）には、「昭和七年五月七日　實業補習學校改名、四月二十八日付江良町實業補習學校原口分教場ハ原口青年学校ト称シ原口尋常小学校内ニ併設ノ旨通知アリタリ」、また「昭和七年六月一七日　青年学校ヲ青年訓練所ニ充當及訓練所廃止、大島村長ヨリ原口青年学校ヲ青年訓練所ニ充當ノ件及原口青年訓練所廃止ノ件ハ本月十一日付認可相成リタル旨通知アリタル」とある。前述3.1熊石町の事例と比較すると日付は異なるものの、青年訓練所を廃止し充當規程を利用して青年学校を設立している。

なお、開校百周年記念誌「はらぐち」（1982年発行）の沿革の概要には、「明

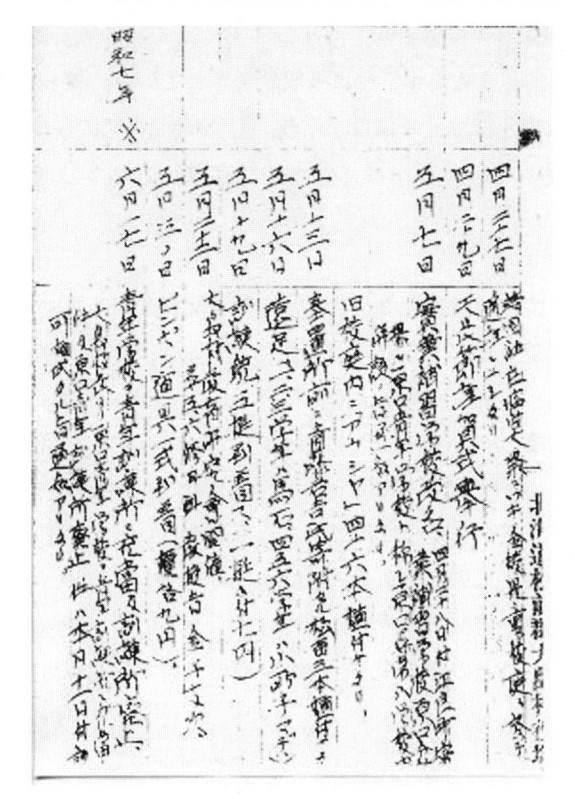

写真6-5　原口小学校の沿革誌より

治34・7・7補習科設置す。（修業年限二ヵ年）」のみで，社会教育機関に関する事項は記載されていない。

3.3.3　大島小学校

　大島（当時江良尋常高等）小学校の創立百周年記念誌「大島」（1979年発行）に，「昭和七年四月江良実業補習学校を江良町青年学校と改称」とある。なお，大島小学校には明治12年の創立当初からの沿革誌は存在せず，創立記念誌を作成するにあたって，まとめられたペン書きの冊子があり，百周年記念誌はこれに基づいていると判断できる。

3.3.4 清部小学校

清部小学校は，現在大島小学校に吸収統合されている。統合される以前の清部小学校創立百周年記念誌「清部小学校」（1981年発行）にも，「昭和7年4月江良実業補習学校清部分校が清部青年学校と改称される。」の一項がみられる。

3.3.5 小島小学校

沿革誌には，関連の記載事項がないとの学校関係者の返答であった。当校の創立百周年記念誌「小島」（1980年発行）の沿革の概要に，「明治三二・八・二補習科（一年制）を置く（尋常・補習科四〇）」の記載のみである。

3.3.6 館浜小学校

創立当初からの沿革誌は存在せず，大島小学校と同様ペン書きの冊子があり，昭和17年度以降に青年学校に関する事項がみられるが，創設年を示すものはない。当校の創立百周年記念誌「館浜」（1981年発行）の「百年のあしあと」の項に「明治38・4根部田実業補習学校附設」とある。当時は根部田尋常小学校でそこに附設されたのである。社会教育機関に関する記載事項は，これのみである。

なお，尋常小学校は3学級のみで，高等科が併設されるのが，「百年のあしあと」によれば昭和17年4月からである。これまでの調査で，高等科が存在しなかった小学校に青年学校が存在した例は少ない。

3.3.7 松前小学校

当時は，大澤村立大澤小学校の名称であった。学校関係者から沿革誌のコピィを送付していただいたが，原本はペン書きの冊子と思われるものである。昭和2年から9年の項に地域男子青年団及び女子青年団に関する記載がみられるが，青年学校に関する記載事項はない。

3.3.8 白神小学校

大澤（当時）村立白神小学校は，開校百周年記念誌「白神」（1982年発行）の沿革の概要によれば，「昭和　九・四・一八　高等科を設置し，『白神尋常高等小学校』となる」とあり，比較的規模も大きかったようである。それを示すも

のとして戦後，新制の大澤中学校が白神小学校に併設されている。この沿革の概要には，青年学校に関する記載事項がない。しかし，保管していた沿革誌（日誌形式）の昭和11年の項に「九月一三日　御親閲豫科演習ノタメ學校長，伊藤教員，青年学校生徒，女子青年團員引率函館へ海路出發ス」とある。小学校創立以降の全事項が記載された沿革誌ではないので，ここからは青年学校の創設年を知ることはできない。

3.4　奥尻町

3.4.1　奥尻小学校

　奥尻小学校の沿革誌は，創立以降の全体を記載したものはなかった。また，開校百周年記念誌「奥尻學校」（1982年発行）の「百年のあしあと」の項にも青年学校に関する記載事項はない。昭和11年高等科を修了し，4月から青年学校に在学した方から聞き取り調査をすることができた。当時は「釣石尋常高等小学校」に併設されていた「釣石水産青年学校」である。しかし，青年学校の創

写真6-6　菰澗水産青年学校の集合写真

設年は以上からは確定できない。

3.4.2 稲穂小学校

2003（平成15）年に閉校になった学校であるが，その閉校記念誌「稲穂」（2003年発行）の学校の沿革の項に「昭和10年6月」（写真6-6上）と「昭和10年大運動会」（写真6-6下）と記された2枚の写真が掲載されている。共に制服制帽の青年学校生が写っている。なお，北海道廳発行「昭和十一年 北海道青年學校名簿」によれば，地区名の「菰潤」を冠した奥尻村立菰潤水産青年学校が存在していたことは確認できるが，創設年は確認できない。

3.4.3 青苗小学校

当校の百周年記念誌「蒼生」（1989年発行）の百年の歩み―学校の沿革―の項に「昭和5・9・12 青苗実業補習学校認可される」とあり，さらに「昭和8・5・28 青苗校・薬師校・青苗青年学校・薬師青年訓練所・青苗・薬師・沢千丈の各青年団連合大運動会が，緑が丘グラウンドで行われる。」の記載がある。昭和8年時に青苗小学校に青年学校が併置されていたことを示している。

3.5 長万部町

長万部町史年表（1973年発行）及び長万部町史（1977年発行）によれば，「大正15年（1926）」の項に，「六月 ○ 長万部・国縫・静狩・二股各小学校に青年訓練所を設置することにした」[9],[10]とある。青年学校に関連する初見事項である。さらに町史年表においては，「昭和10年（1935）」の項の最初にその年に起こった国内外の事象を羅列している。その中に「青年学校令公布」[11]が見られるが，一月から十二月までの事項に村内の青年訓練所に関する名称変更の記載はない。同町史年表の「昭和13年（1938）」の項に，「二月 ○ 国縫青年学校後援会は……」[12]とあり，名称が青年学校に変化している。

3.5.1 長万部小学校

当校の創立百周年記念誌「百年の長小」（1978年発行）の「時の流れと校史」の項に「昭和13・9青年学校単独の教室竣工二学級増設」の記載がある。

写真6-7　昭和八年以降通達簿長萬部國民學校

　また，学校保管庫に保管されていた「昭和八年六月十五日以降　沿革誌　公立長萬部尋常高等小學校長萬部国民學校」の昭和十一年の項に「青年学校女子部教室完成」，さらに昭和十三年の項に「普通教室二教室及廊下造築ス　坪数二教室五十五坪」とある。これは，前述の青年学校単独教室の竣工を示すものであろう。
　ところが，同じ保管庫に写真6-7のような人事及び出張等に関する縦罫紙に毛筆で記された，昭和8年4月から昭和18年3月迄の「通達簿」が存在した。これは当時の在任の校長が各種辞令・公文書を写し書きしたものである。その中に「北海道公立學校訓導　関屋盛八　北海道山越郡長萬部實業補習學校長助教諭ニ兼任ス　昭和八年四月十九日　北海道廳　右發令相成□及通達□之　昭和八年五月二十七日　學校長印　各位」。さらに「辞令に関する件　北海道公立小学校訓導兼北海道公立小学校長　関屋盛八　北海道公立青年學校長　助教諭ニ兼任ス　北海道公立青年学校長助教諭　関屋盛八　北海道山越郡長萬部村立長萬部青年学校長助教諭ニ補ス　昭和十年八月一日　北海道廳」の記載があった。判読不可能な文字が二文字あるが，以上から1933（昭和8）年には青

年訓練所の充当規程を利用した実業補習学校が，さらに1935（昭和10）年には青年学校が存在していたことがわかる。以上から，青年学校の設立年は青年学校令の公布後であろうと推定される。

3.5.2 国縫小学校

当校の開校百周年記念誌「国縫校」（2000年発行）の「あしあと」の項に「一九〇二（明治三五）四・　修業年限二ヶ年の補習科認可。」，「一九一八（大正七）　訓縫実業補習学校附設。」，「一九二六（大正十五）　青年訓練所を併置し実業補習学校を廃止。」とある。また開校八十周年記念誌の「国縫の年表―長万部町史より―」の項に，前述（3.5.1）の「昭和十三年　国縫青年学校後援会は……」が記載されている。また「思いでの写真」の項に青年学校生徒の集合写真が数枚掲載されているが，撮影年が記されていない。

以上から，1926（大正15）年の青年訓所規程の公布に伴い，実業補習学校を廃止したことは長万部小学校の経過とは異なるが，青年学校を呼称した設立年に関しては青年学校令公布後の可能性が大きい。

3.5.3 静狩小学校

当校の創立六十周年記念誌「静狩校」（1982年発行）及び開校百周年記念誌「礎」（2002年発行）の両誌には，青年学校に関する記載が全くみられなかった。しかし，静狩小学校開校百周年記念協賛会が発行した「静狩郷土史『自主独立』」には「大正十五年（一九二六）六月・静狩小学校に青年訓練所設置。」，さらに「昭和十五年（一九四〇）二月・静狩小学校に青年学校設置。」とある。1935年の青年学校令公布後5年も経過して青年訓練所から青年学校に名称変更したのであろうか。国縫小学校と同様，青年学校関連記載の沿革誌を学校では見いだせなかった。

3.5.4 双葉小学校

当校の開校90周年／記念誌「拓」（1990年発行）の「双葉小学校沿革の概要」の(2)90年の流れの項に「明治33年12月17日甲等684号により二股尋常小学校と改称され，単級編制となる。開校記念式挙行さる。」とある。また，「明治37年5月14日二股実業補習学校付設される。」，さらに昭和時代に入って，「昭和15

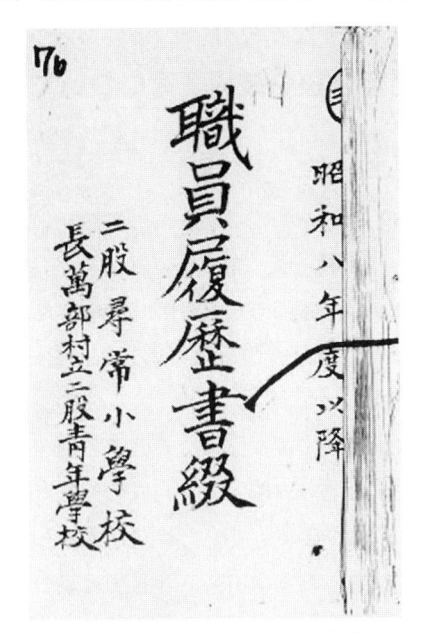

写真6-8　昭和八年度以降職員履歴書綴

年校名変更，双葉尋常小学校と改称される。」との記載事項がある。

　当校は2005年3月31日付で閉校したのであるが，関係書類を町教育委員会が保管していて閲覧させてもらえた。その中に写真6-8のような，「昭和八年度以降職員履歴書綴」を見出すことができた。一教員の履歴に「昭和七年九月二十二日　北海道山越郡二股青年訓練所指導員ヲ嘱託ス月手當貳円五十錢給與　北海道廳」，また他の教員の履歴に「昭和十年三月二十五日　北海道山越郡長萬部村二股青年訓練所指導員ヲ解ク　北海道廳」，さらに他の教員の履歴に「昭和十一年山越郡長萬部村立二股青年学校指導員ヲ解ク　北海道廳」の記載がみられる。

　以上より，青年訓練所から青年学校に呼称変更したのは青年学校令が公布（1935〔昭和10〕年）された後であろうと推察される。

4 各青年学校の技術教育について

4.1 熊石町
4.1.1 相沼水産青年学校

聞き取り対象者は，藤谷精一氏（熊石町泊川在住，写真6-1の方）と藤谷氏より3年後輩の山田悦蔵氏（熊石町相沼在住）のお二人と，さらにお二人が青年学校在学時に教員だった能登谷静雄氏の御家族（熊石町相沼在住）からは資料等を御提示いただいた。

それまでの鰊漁が大正初期には不漁になり，その後イカ釣り漁業，冬期の助惣鱈漁の盛期を迎え，また地域に船入澗が完成し，したがって動力船の導入が増加した時期[13]と，お二人が在学していた時期は重複している。藤谷氏によれば，夜間週2～3回の授業，教室は主に高等科生教室の兼用であり，尋常科及び高等科の同期生の半数が青年学校在学の対象者であった。教科書はなく教師のガリ版刷りした資料が教科書替わりであった。内容はイカの種類や焼玉機関，海流及び海図，そしてコンパスに関する内容を学習した。それらは動力船の導入に伴い漁場が拡大し，それまでの磯船（手漕ぎ船）漁に関する知識は応用できない状態となり，緊急に必要な知識及び技能であったという。

藤谷氏は，イカの種類の多さに新しい発見があったことを印象深く話してくれた。青年学校修了後の山田氏の経験談として，漁船で函館から釧路へ向かう機会があり，恵山の岬から襟裳岬へと進路をとるのに，海図を利用して決定する方法を知っていたが，自分は若くて口出しする立場ではなかったので黙っていたと，懐かしそうに笑みを浮かべて話してくれた。

開校100周年記念誌「あいぬま」（1978年発行）の（四）開校以来の教職員の項に能登谷静雄氏の就任が「昭和8・4・28」とある。御家族保管の資料によると，本人が赴任するにあたって書いたと思われる履歴書があり，それには「昭和六年三月十八日北海道廰立小樽水産學校漁労科卒業」と記されている。卒業後出身地の紋別水産會の検査員助手，昭和七年は北海道水産試験場の業務

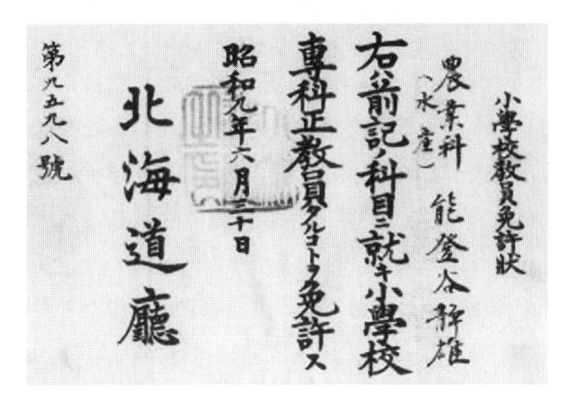

第6章　熊石町・江差町・松前町・奥尻町・長万部町における青年学校の設置と技術教育　139

写真6-9　能登谷氏の専科正教員辞令

に従事した経緯も同時に記されている。昭和八年四月二十八日付の北海道廰辞令の一枚は相沼尋常高等小学校の代用教員として，同日付のもう一枚の辞令は相沼青年学校教諭心得の資格である。そして写真6-9のように，翌昭和9年6月30日付にて「小学校専科正教員（農業科（水産））」の免許を取得する。その結果，写真6-10・写真6-11のように小学校訓導及び青年学校助教諭に任ぜ

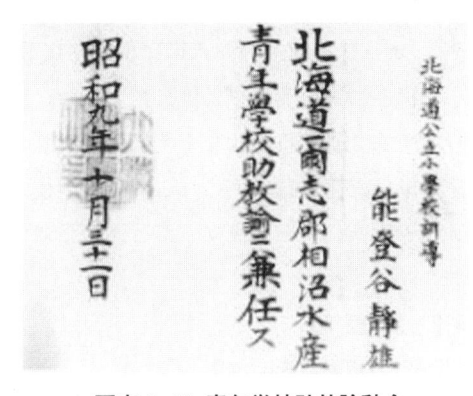

写真6-11　青年学校助教諭辞令

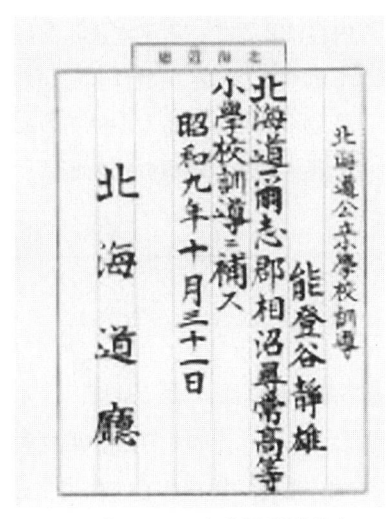

写真6-10　小学校訓導辞令

られる。

　「明治43年から小学校児童保護者会が創設された。昭和8年には村議会で青年訓練所を廃止して水産青年学校の設置を議決した。昭和9年にはそれまでの後援会を相沼教育後援会と改称して，小学校及び青年学校の後援内容の改善拡充」[14]を図るという，教育に期待する地域住民の熱い思いと，真摯に学ぶ児童や生徒に接し，能登谷氏の教育に対する情熱が，当時の検定制度を突破して専科正教員の資格を得させたのであろう。訓導の資格を得た者が青年学校では助教諭に任ぜられているのは，3.5.1　長万部小学校の通達簿にあった例のように青年学校は法的に中等教育機関の位置付けがなされていたことを示している。

4.1.2　雲石水産青年学校

　聞き取り対象者は1937（昭和12）年，16歳で本科1年に入学した猪股勝一氏（熊石町関内在住）である。職業科の教員は，青森県立の水産学校（現，青森県立八戸水産高等学校）出身の一戸文男氏であった。職業科の教育内容は，網の建て方や海流に関する事項，焼玉機関の構造及び操作，小型漁船による刺し網漁や延縄漁の実習，また水産加工では助惣鱈のミリン漬け，イカの塩蔵（塩辛），ホッケの燻製等，水産に関する広範囲の内容に及んでいる。実施状況は小型漁船による実習以外は，夜間において週に3回程，受講生徒数は8〜10名程度であり，教科書はなく教員の作成したガリ版刷の資料であった。漁業の家業を継いだ猪股氏は，これらの青年学校で受けた指導内容の知識や技能等は，戦後の就業に大いに役立ったと述懐していた。

4.2　江　差　町

4.2.1　江差実業青年学校

　北海道廳が昭和十一年に発行した「北海道青年學校名簿」[15]によれば，江差實業青年学校は生徒数138名，職業科目は商業，工業，水産の3科目が用意されていて，履修科目は既報[16]の例からしても生徒の選択に任されていたと推定できる。3.2.1　江差小学校で記述した昭和十二年度「卒修業証書台帳」に氏

名が記載されていて，現在江差町に在住されている8名の方に電話での聞き取り調査を行った。複数の方から，教員で商業学校出身の福岡貞次郎氏から「簿記」を学んだとの回答が得られた。なかには「記憶にない」という方もあり，工業及び水産の科目に関する事例を聞くことができなかった。

4.2.2　朝日農業青年学校

　開校百周年記念誌「おごろっぺ」に卒業者氏名が年次毎に記されている。そこから1935（昭和10）年から1940（昭和15）年に卒業した方15名と連絡が取れ，電話による聞き取り調査ができた。教員で空知農業学校出身の雲龍吉蔵氏（在任期間，1933【昭和8】年9月〜1940【昭和15】年10月）の名を2名の方から聞くことができたが，教育内容については思い出せないとのことであった。「おごろっぺ」の「わたしの思いで」に寄稿された当時の校長（在任期間，1931【昭和6】年4月〜1937【昭和12】年4月）が「私の異動のねらいは青年学校教育の振興にあるとの事で……」とあり，校長が農業教育の充実を図るべくして1933（昭和8）年，雲龍氏の赴任が実現したものであろう。

4.3　松前町

4.3.1　福山青年学校

　松城小学校に併設されていた青年学校である。前記の「北海道青年學校名簿」によれば，職業科の実施科目は農業，水産，工業とある。小学校高等科を1933（昭和8）年から1939（昭和14）年までに卒業した中の25名の方に連絡が取れ，電話による聞き取り調査ができた。松城小学校に保存されていた教員の名簿一覧には，小樽水産学校出身の村井繁氏（在任期間，1931【昭和8】年8月〜1936【昭和11】年11月），空知農業出身の植松正五郎氏（在任期間，1936【昭和11】年4月〜1937【昭和12】年3月），小樽水産学校出身の伊東勝也氏（在任期間，1936【昭和11】年12月〜1938【昭和13】年6月）の3氏がこの時期に在任している。

　しかし，職業科の教育内容に関しては，イカ漁に関することとの回答があったが，ほとんどの方は残念だが思い出せないとのことであった。実施形態はや

はり夜間で冬期間のみ，週4～5日であった。

　松前町内に存在していた，他の青年学校（大島村立原口青年学校，同村立江良町青年学校，同村立清部青年学校，小島村立小島青年学校，同村立根部田青年学校，大澤村立大澤青年学校，同村立白神青年学校）における職業科の教育内容に関しては，「記憶にない」又は「職業科は実施していなかった」との回答があり，教育内容の把握はできなかった。

4.4　奥尻町
4.4.1　釣石水産青年学校
　釣石尋常高等小学校（現，奥尻小学校）の高等科を1932（昭和7）年から1940（昭和15）年までに卒業した中の16名の方に，電話による聞き取り調査を行い，その中のお一人である1936（昭和11）年卒の小山文男氏で，青年学校在学期間は1936（昭和11）年4月～1938（昭和13）年8月の方で，後日直接お話をお聞きすることができた。教員は小樽水産学校出身の須賀　恵氏（在任期間，1933【昭和8】年10月～1934【昭和9】年12月），青森県立水産学校出身の櫻庭康造氏（在任期間，1934【昭和9】年12月～1938【昭和13】年4月）の2氏がこの時期に在任（在任期間は前記の「奥尻學校」による）していた。

　小山氏のお話しによれば，冬期間の夜間それも週1～2回の開校ではなかったか。教科書は教師の作成したガリ版刷りのものであった。青年学校への就学率は高等科卒同期の約40％程であり，他は卒業と同時に島外に出た。職業科の指導内容はコンパス及び海図に関する知識・操作，焼玉機関に関する知識，イカに関する知識（イカの種類が30種類以上もあることを知って驚いたことを覚えているとのこと）等であった。小山家は漁家であったので，学習内容は大いに関心があったが，一念発起して3年目の夏に島外（東京）へ出たので，その後学習内容を利用する機会はなかったとのことであった。

4.4.2　青苗水産青年学校
　青苗尋常高等小学校の尋常科を1933（昭和8）年から1940（昭和15）年までに卒業した中の15名の方に，電話による聞き取り調査を行うことができた。教

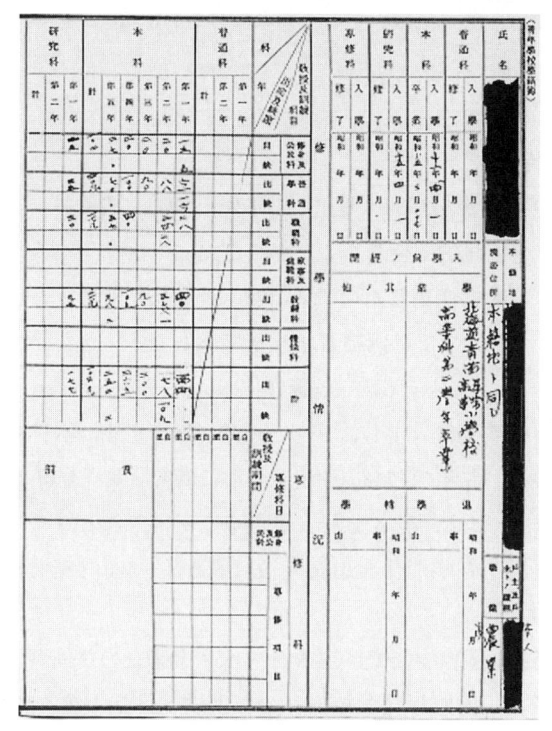

写真6-12　奥尻村立薬師水産青年学校の学籍簿

　員で松澤幸作氏（在任期間，1933【昭和8】年11月～1939【昭和14】年1月）から，水産において網の建て方を学んだ記憶があるとの一回答があった。
　青苗小学校が保管していた書類の中に，1973（昭和48）年統合した松江小学校（1940【昭和15】年まで薬師尋常小学校と称していた）の関係書類があった。その中に薬師水産青年学校の「學籍簿」があり，その一枚が写真6-12である。青年学校令が公布（1935【昭和10】年）された後の入学であるから，高等科を卒業した当該生徒は本科入学である。「修學情況」の項には科目欄があり，出欠の時間が記入されている。職業科が実施されていたことは時間が記入されていることからもわかる。
　この方は1920（大正9）年生まれで，電話での聞き取り調査時には，既に他

界されていた。

4.5 長万部町
4.5.1 国縫青年学校

高等小学校の尋常科を1934（昭和9）年から1941（昭和16）年に卒業した方の9名に連絡が取れお話しを聞くことができた。

なお，訓縫が国縫に変更したのは，1940（昭和15）年の長万部村全体の地名地番改正による。それまでは訓縫青年学校であった。

その中のお一人，前田一郎氏（国縫在住）は高等科を卒業，1936（昭和11）年4月に青年学校本科に入学し，1941（昭和16）年3月に本科を卒業して4月に研究科に入学し，翌年の1942（昭和17）年に研究科第1学年を修了している方である。写真6-13は青年学校入学と同時に交付されるもので，本籍地・住所・入学前の経歴・在学関係・出席時数（普通科・本科・研究科）等を記載するものである。

青年学校の実施形態は夜間で，週の月・水・金曜日の3回開校していた。職業科の担当教員は，函館師範学校出身の下間善太郎氏（在任期間，1939【昭和14】年11月～1950【昭和25】年5月）で，肥料の三要素に始まり，化学肥料の出始め期でこれらの知識，魚糟及び豆糟に関する知識，また輪作に関する知識，ボルドー液に関する科学的成分やその効能の知識と生成等が学習内容であった

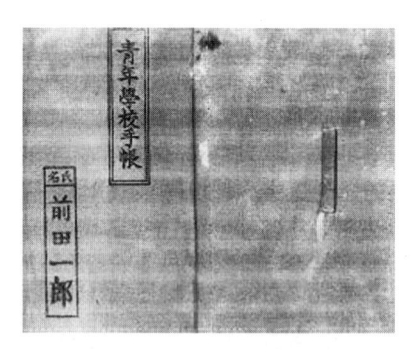

写真6-13　前田氏の青年学校

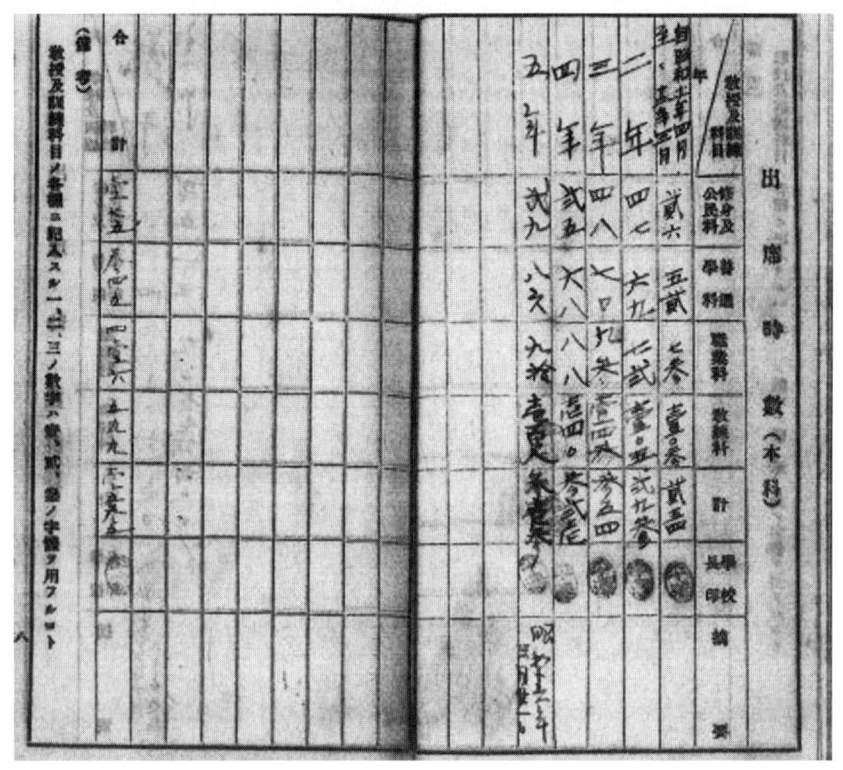

第6章 熊石町・江差町・松前町・奥尻町・長万部町における青年学校の設置と技術教育　145

写真6-14　本科の出席時数
(写真6-13と拡大率は異なる)

という。

　写真6-14は本科の，写真6-15は研究科の前田氏の教授及訓練科目の出席時数が記載されている。

　第1章でも示した青年学校規程の基準時数より，一年を除いて大幅に超過している。さらに規程では本科の普通学科は1・2年まで（共に50時間），3年以上は普通学科及び職業科併せて90時間である。つまり，普通学科の比重が低くなる可能性があるが，5年では普通学科のみでも90時間近くになっている。前田氏は表彰を幾度も受けており，ほとんど欠席していないのでこれらの記入数値は，学校の実施時間に近い数値であろうと思われる。写真6-16は，1942

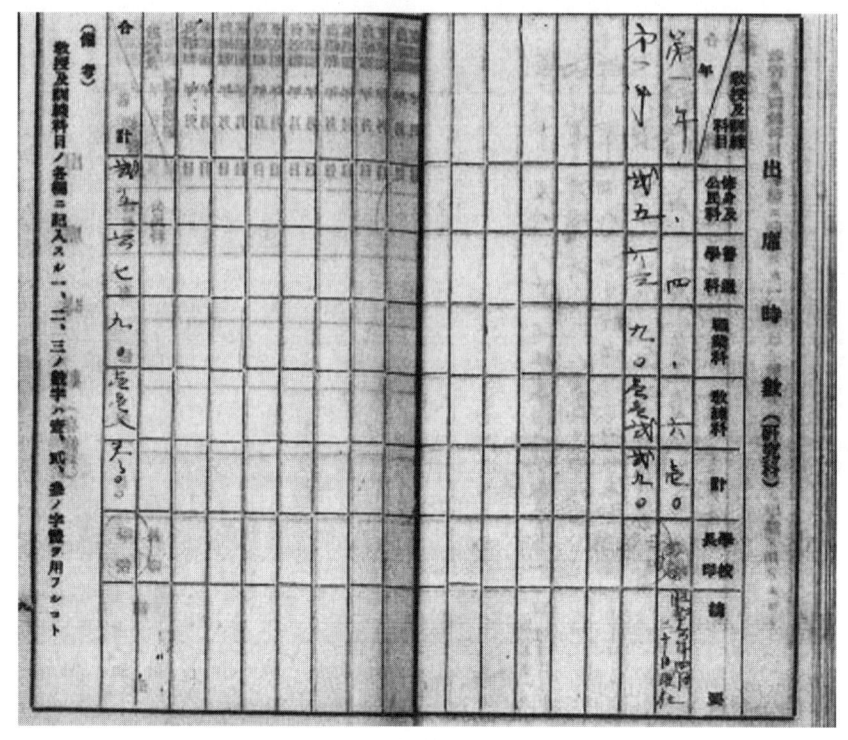

写真 6-15 研究科の出席時数
(写真 6-13と拡大率は異なる)

(昭和17) 年3月の研究科修了を記念する集合写真である。前田氏の両隣2名と合わせて3名の修了者と，他は本科3年以上の生徒である。

4.5.2 静狩青年学校

　静狩尋常高等小学校の尋常科を1933（昭和8）年から1940（昭和15）年に卒業した方の15名に，電話による聞き取り調査に応じていただいた。3.5.3静狩小学校で記した『自主独立』によれば，昭和初期からの静狩金山の盛衰と地域の発展は大きな関わりを持ち，昭和10年代中頃には金山が最盛期を迎えていた。そしてその頃は金山工業所に青年学校が附設されていたという。したがって静狩青年学校では，数学等普通学科の学習や教練の訓練はあったが，「職業科の学習はなかった」とかあるいは「記憶がない」という回答であった。

第6章 熊石町・江差町・松前町・奥尻町・長万部町における青年学校の設置と技術教育　147

写真 6-16　昭和17年国縫青年学校研究科修了記念
前列右から二人目下間氏（農業担当）二列目左から二人目前田氏

　長万部青年学校及び二股青年学校の両校に関しては，聴き取り人数が少なかったが静狩青年学校と同様，職業科の学習内容を確認することはできなかった。長万部は戦前から鉄道の町で当時，鉄道教育錬成所があり，そこに青年学校が附設されていたという。

5　青年学校令公布以前の「青年学校」呼称経過について

　大正末期から昭和一ケタの日本の進むべき道が，単一の価値観に収斂してゆく状況にあった。2.2実業補習学校において記したように，「……殊に年少ブルーカラーの質と量の向上」という一つの見解があったとしても，一方，地方自治体理事者や学校関係者の中には，義務教育終了後，家業の継承あるいは経済的理由で地域に残留した青年の向学心に応えると共に，地域産業の振興を図ることも目的とした実業補習学校を維持することに努力していた。そこに1926（大正15）年の青年訓練所規程の公布を根拠に，既存の実業補習学校のその上に青年訓練所を設置することは，地方自治体の財政上においても無理があった。さらに軍部が主導する単一の価値観に収斂することを警戒する思潮が決し

て少なくはなかった。そして前掲書(4)によれば[17]，青年訓練所入所者の低迷により，文部省は1927（昭和2）年青年訓練所と実業補習学校の統合の画策，さらに低迷の続く青年訓練所の実情に軍部も改革に応ぜざるをえなくなった。そして，文部省の1930（昭和5）年の調査に基づいて，統合案が1931（昭和6）年に作成された。ここに初めて「青年学校」の名称が表出した。この案は翌年から実現の予定と伝えられていたが，政変により若槻民政党内閣から犬養民政党内閣に変わって成案にはならなかった。文部省は翌1932（昭和7）年に前年案の修正案を発表した。昭和6年案の普通部，中等部，高等部を昭和7年案では予科，本科，研究科等との修正がなされているが，要は青年訓練所的な色彩を薄めて，青年学校をいかに実業補習学校主体のものにするかという画策から生まれたものであった。その後の，1935（昭和10）年の青年学校令が成立するまでの2年間において，文部省は，軍部から「職業教育を排除しない」，さらに教育内容である「『訓練科』を『教授及訓練科目』に」修正する等の譲歩を引き出した。

　以上のような経過の中で，直接地域の青年教育に責任を負う学校関係者や地方自治体の理事者達は，前途ある勤労青年を単一の価値観の流れが起こす危害から少しでも軽減すべく，また文部省の意向も踏まえて，さらに設立の許認可権は地方長官にあったので，当時の北海道廳に申請し地方長官の認可を受けて「青年学校」と呼称変更したものであろう。その例が森町立濁川青年学校（第1章），大野町立大野農業青年学校，東瀬棚村立東瀬棚実業青年学校，同村立小倉山実業青年学校（以上第3章），乙部村立乙部実業青年学校，同村立突符実業青年学校，同村立明和実業青年学校（以上第4章），厚沢部村立俄虫農業青年学校，同村立館農業青年学校，同村立瀧廼農業青年学校，同村立鷲ノ巣農業青年学校，同村立鶉農業青年学校，同村立目名農業青年学校，上ノ国村立上ノ国中央青年学校，同村立瀧澤実業青年学校，同村立小砂子水産青年学校，福島村立福島青年学校，同村立浜端青年学校，同村立岩部青年学校，同村立綱配野青年学校（以上第5章），熊石村立熊石水産青年学校，同村立雲石水産青年学校，江差町立実業青年学校，泊（現，江差町）村立朝日農業青年学校，同村立日明

水産青年学校,福山(現,松前町)町立福山青年学校,大島(現,松前町)村立原口青年学校,同村立江良町青年学校,同村立清部青年学校,奥尻村立青苗実業青年学校(以上本章)が,1931(昭和6)年から1933(昭和8)年に呼称変更して設立されているが,特に1933(昭和8)年に集中している。

今回の道南地域の調査に関わって,青年学校令公布以前の呼称使用例は,第1章の森町濁川青年学校の例から始まった。この根拠となる法令の存在を探るべく北海道立文書館において,「北海道廰公報」及び「現行北海道廰例規」を調査したが該当事項を見いだせなかった。そして本報の熊石町史の記述「昭和七年に青年学校設置法を発布し」に遭遇して,さらに「文部省例規類纂」,当時の教育雑誌(復刻版)「教育」・「教育研究」・「教育思潮研究」を,該当年を中心に調査したが,ここでも根拠となる法令を見いだせなかった。

それは上述したように,軍部と文部省の軋轢の中で文部省が出した「昭和7年案」であったのである。「熊石町史」の記述は町史執筆者の誤認によるものではないかと考えている。

6 技術教育(職業科)の実践例について

地域産業に関連する知識技能を育成することを目的とした,実業補習学校の精神を継承する青年学校は工業,農業,商業,水産の科目を用意した。前出の「昭和十一年 北海道青年學校名簿」によれば道南地域においては,「職業科」欄に市街地の中心校に商業を,またごく少ないが,工業も用意されていたことを示しているが,1933(昭和8)年頃の設置時に工業も用意されていたかは定かではない。いずれにしても,聞き取り調査においては商業は江差実業青年学校のみ,工業に関しては実践例を聞くことはできなかった。現在でも大きな変化はないが,当時の道南地域は第一次産業である農業及び漁業が主体であったので,これらに関連する「農業」,「水産」の科目を用意していた町村が多かった。以下,これらの実践例について記述する。

6.1 農業教育の実践例

　第1章においては，森町立濁川青年学校では比較的冷害に強いとされる「黒毛米」の試験栽培や畑作，また当時使用され始めたボルドー液の知識と生成を，八雲町立八雲青年学校では酪農におけるデンマーク経営方式や乳牛の罹患する病気対策を，七飯村立大中山青年学校では当時の北海道農事試験場の技師等が執筆した農学の全般にわたるいわゆる講義録（分野毎の分冊）を，教科書として生徒に購入させて学習を実施している。

　第3章においては，東瀬棚村（現，北檜山町）立東瀬棚実業青年学校では肥料の三要素に関する知識や病虫害対策のボルドー液の知識と生成，実習地における大豆の栽培を，大野村立大野農業青年学校では道南においても農業先進地であっただけに，他地域に比較して施設設備が整っていた。各種蔬菜の栽培や詳細で良く計画されたボルドー液の生成に関する学習を実施している。

　第4章においては，利別村（現，今金町）立種川農業青年学校では肥料の三要素に関する知識や大豆カスの肥料利用，また地元で未栽培野菜の栽培への挑戦等の学習を実施している。

　第5章においては，厚沢部村立俄虫農業青年学校ではボルドー液の知識と生成法を，上ノ国村（現，上ノ国町）立上ノ国実業青年学校では隣村で農業先進地である大野村へ稲作に関する害虫駆除を学ぶための見学やメークインの病害対策及び堆肥の作り方を，福島村立福島青年学校では畑作において作物の種類による畝幅や適切な肥料に関する知識，さらに湿地の多かった地域事情により土地改良の実習等の学習を実施している。

　本章においては，長万部村立国縫青年学校では肥料の三要素，化学肥料に関する知識，輪作に関する知識，ボルドー液に関する科学的成分やその効能に関する知識と生成等の学習を実施している。

6.2 水産教育の実践例

　第1章においては，森町立尾白内青年学校では鰯のミリン干し加工実習とそれによる製品をセロファン包装して販売するという加工から販売までの一貫学

習を実施している。

　第2章においては，鹿部村立鹿部実業青年学校では網地の製法において「結節」の種類，「縮結（しゅっけつ）」の必要理由，定置網の建て方を数学的な知識と共に学習することを実施している。これらは戸井村立小安青年学校においても同様の学習を実施していた。尾札部村立尾札部青年学校では助惣鱈の漁獲の多い土地であったので鱈肝油精製の実習，鰯の油を精製して燃料としての可能性についての試験等の学習を実施している。臼尻村立臼尻水産青年学校では昆布やサンマの加工製造実習を実施している。尻岸内村立恵山青年学校では海図や羅針盤（コンパス）に関する知識及び操作の学習を実施している。

　第4章おいては，久遠村立久遠水産青年学校ではコンパスの構造やその機能，海図の見方や距離の測定法，さらに潮の流れや風向及び風速を知ったうえで，船の速度により一定時間経過後の船の位置を決定する計算等の学習，またホッケの塩蔵や燻製の加工実習等を実施している。乙部村立乙部実業青年学校では整った燻製加工設備が用意されていて，数日間かけて燻製実習の学習を実施している。

　本章においては，熊石村立相沼水産青年学校ではイカの種類や焼玉機関，海流及び海図，そしてコンパスに関する学習を実施している。熊石村立雲石水産青年学校では網の建て方や海流に関する事項，焼玉機関の構造及び操作，助惣鱈のミリン漬け，イカの塩蔵，ホッケの燻製等水産加工実習の学習を実施している。

　奥尻村立釣石水産青年学校ではコンパス及び海図に関する知識・操作，焼玉機関に関する知識，イカに関する知識等の学習を実施している。奥尻村立青苗実業青年学校では網の建て方等の学習を実施している。

7　おわりに

　青年学校の設置形態は北海道において，大部分が尋常高等小学校に併置され，そのために校長が兼任，教員も一部兼任の学校がほとんどであったため

に，学校沿革誌の記載は，尋常高等小学校と青年学校の諸事象が時間の流れにしたがい混合したものであった。終戦時における GHQ の調査対策として，廃棄することは母体の尋常高等小学校の歴史の喪失につながることであり，処分できなかったことであろう。いくつかの学校にこれらが保存されていた。その他に青年学校の卒業台帳や学籍簿，さらに青年学校担当の辞令簿等も保管されていた。存在の理由を次のように推察する。即ち，軍事教練や修身及公民科はともかく，学校における戦後処理作業としてすべてを処分することは，昼間の労働による疲労に耐えて登校してくる地域勤労青年のために，ガリ版刷りして教材を作成準備し普通学科や職業科を指導したことまでを，当時の校長や教員たちが消し去ることができなかったかも知れないし，また町村理事者との確認の上だったかもしれない。これらの資料の存在により調査報告の内容がより豊かになったと考えている。

　調査中に気付いた青年学校令公布前の『青年学校』の呼称使用例に関しては，「5　青年学校令以前の「青年学校」呼称経過について」でも述べたように1926（大正15）年に，軍部主導の青年訓練所が成立して以来の，軍部と文部省との数年間の軋轢が因をなしていた。文部省側の再三の修正案は，社会の大きな関心事であったし，それ以上に直接教育に責任を負う町村理事者や学校関係者にとっては重要事項であった。許認可権者が地方長官であることを拠り所に学校関係者の意向を踏まえ，名称を「青年訓練所」ではなく，「青年学校」とすることで，町村議会の議決を経て，地方長官に申請し認可を受けたのである。21世紀の日本の硬直した状況と比較して，あの厳しかった時代に，実務に従事する青年達に対する教育保障を守ろうとする流れが存在したことに感慨深いものがある。

　職業科における農業の実践に関して，それまでの経験則を中心にした営農から，肥料の三要素の理解，ボルドー液の普及，さらに岩見沢市の北海道庁立青年学校教員養成所の卒業生が輩出した頃と時期が重複し，より科学的知識に基づいた農業にするべく，各町村は東北地方の農業学校の卒業生をも含めて積極的に教員を採用し指導体制の充実を図ったのである。そして聞き取り調査に応

じていただいた方々は，戦後帰還してから今日までに農業に関わってきた方々ばかりであった。その中で特にお二人の方に関して記したい。

大野村立大野農業青年学校を修了した方の例である。担当教員は北海道庁立実業補習学校教員養成所を卒業した方で，小学校高等科の「農業」を担当していた。したがって小学校から青年学校へと一貫した教育がなされ，また施設設備も充実していた。蔬菜園芸や稲作に関する指導，特に害虫駆除に苦労していた時期に，普及し始めたボルドー液に関する学習内容は，科学的知識と生成の技能はそれまでになかった経験であり，今日までの営農の原点でもあるという。

二人目は七飯村立大中山青年学校を修了された方の例である。農業学校教員の資格を有する方が担当教員で，その頃設立された北海道庁立大野農業学校を意識した教育がなされた。それが北海道農事試験場（当時）の技師等の執筆になる講義録を教科書として指導した。内容は農学全般で「作物講義」・「肥料講義」等基本分野は当然のことであるが，特に次の講義録「農機具講義」・「農産加工講義」等は，戦後の食糧難をくぐり抜けるために，青年学校での学習内容がどれほど役立ったかしれないと述懐していた。地域の自然状況を把握した優秀なスタッフの手になる講義録は科学的に系統だった貴重な文献であり教科書であったので，青年学校時代の学習が基礎となり得たのであろう。講義録は御本人が大切に保管していた。資料的な価値も考え，「土壌講義」・「農作物病害講義」・「農作物害虫講義」・「作物講義」・「農産加工講義」・「肥料講義」・「蔬菜園芸講義」の目次を第1章の巻末に載せた。

職業科における水産の実践に関して，当時は焼玉機関の普及と港湾整備の端緒に伴い，手漕ぎ船による磯漁から沿岸・沖合漁業に変化しつつある時期と重複している。化学エネルギーから機械的（回転）エネルギーに変換させて動力を取り出す機関の学習は，生徒等に従来の漁業を大きく変化させることを意識させた。漁場の範囲が拡大することにより海図やコンパスの知識及び操作，即ち航海術が必要になった。また魚種や漁獲量の拡大は従来の知識や生産性の低い魚糟製造処理では営業として成立しない。付加価値をつけるための塩蔵，燻製，ミリン漬け等水産加工の学習が実施され，久遠村立久遠水産青年学校や熊

石村立相沼水産青年学校（担当教員は共に小樽水産学校出身）を卒業されたそれぞれのお二人の方は，受けたこれらの学習内容を生かす場面が多く，地域住民の信頼を受けて水産の指導的立場を担わされていた。また，漁業の基本でもある網地の製法及び網の建て方（三平方の定理）には数学の知識が必要であり，これらを理解習熟することが「船頭」の必須条件であった。

親の生業を継承するために，あるいは経済的に上級学校への進学を断念せざるを得なかった青年達の学習意欲を充足するために，もともと存在した実業補習学校の目的精神を拠り所に青年学校を形成することに地域町村の理事者や学校関係者が努力していた側面があった。このことをこれまでの調査研究において認識できたことは，昭和に改元されてから終戦を迎えるまでのこの期間の筆者の歴史認識が変化したことも大きな収穫である。

注及び参考文献

(1)　仲　新監修『日本近代教育史』講談社，1973年．
(2)　茶園義男『増補改訂版　青年学校論』不二出版，1978年．
(3)　鷹野良宏『青年学校史』三一書房，1992年．
(4)　八本木　浄『戦争末期の青年学校』日本図書センター，1996年．
(5)　前掲書(3) p.13.
(6)　熊石町史編纂委員会『熊石町史』熊石町，1987年 p.809.
(7)　江差町史編纂室『江差町史』第9巻通説三　江差町，1994年．
(8)　前掲書(7) p.417.
(9)　長万部町史編集室『長万部町史年表』長万部町，1973年，p.102.
(10)　長万部町史編集室『長万部町史』長万部町，1977年，p.181.
(11)　前掲書(9) p.126.
(12)　前掲書(9) p.134.
(13)　前掲書(6) pp.783-798の要約．
(14)　開校百周年記念誌編集委員会『あいぬま』熊石町立相沼小学校開校百周年記念事業協賛会，1978年，p.42.
(15)　北海道廳『北海道青年學校名簿』昭和十一年（1936年），p.85.
(16)　本章における，上ノ国実業青年学校の聞き取り調査において職業科に「農業」と「水産」が用意されていて，生徒は自家の生業に関わって選択することができた．
(17)　前掲書(4) pp.17-24. から経過を要約した．

附録 青年学校関係法令集及び乙部村実業学校設置に関する事項

安藤　徹

1. 青年学校令　155
   （勅令第41号，1935【昭和10】年3月30日裁可，4月1日公布）
2. 青年学校規程　158
   （文部省令第4号，1935【昭和10】年4月1日公布）
3. 青年学校令及青年学校規程制定ノ要目並ニ施行上ノ注意事項　162
   （文部省訓令第2号，1935【昭和10】年4月1日，北海道庁，府県宛）
4. 青年学校ニ関スル件　167
   （発社86号，1935【昭和10】年4月1日，各地方長官宛，社会教育局長）
5. 青年学校ニ関スル庁府県令等報告方ノ件　173
   （発社94号，1935【昭和10】年4月15日，各地方長官宛，社会教育局長）
6. 青年学校教授及訓練科目要旨　173
   （文部省訓令第19号，1935【昭和10】年8月21日，北海道庁，府県宛）
7. 青年学校ノ専修科ニ関スル件　176
   （発社241号，1935【昭和10】年9月27日，各地方長官，社会教育局長）
8. 青年学校手帳ニ関スル件　177
   （官社93号，1935【昭和10】年11月21日，各地方長官，社会教育局長）
9. 私立青年学校ノ設置者ニ関スル件　178
   （発社46号，1937【昭和12】年3月16日，各地方長官，社会教育局長）
10. 乙部村實業學校設置ノ件　178
11. 乙部村實業學校建設ノ件　179
12. 乙部村立乙部水産学校学則　179

（原文は縦書き）

1．青年学校令

　　（勅令第41号，1935【昭和10】年3月30日裁可，4月1日公布）

青年学校令

第一条　青年学校ハ男女青年ニ対シ其ノ心身ヲ鍛練シ徳性ヲ涵養スルト共ニ職業及実際生活ニ須要ナル知識技能ヲ授ケ以テ国民タルノ資質ヲ向上セ

シムルヲ目的トス

第二条　北海道府県, 市町村, 市町村学校組合, 町村学校組合及町村制ヲ施行セザル地域ニ於ケル町村又ハ町村学校組合ニ準ズベキ公共団体ハ青年学校ヲ設置スルコトヲ得

市町村, 市町村学校組合及町村学校組合ハ前項ノ規定ニ依リ青年学校ヲ設置スル場合ニ於テ費用ノ負担ノ為学区ヲ設クルコトヲ得

第三条　商工会議所, 農会其ノ他之ニ準ズベキ公共団体ハ青年学校ヲ設置スルコトヲ得

前項ノ規定ニ依リ設置シタル青年学校ハ私立トス

第四条　私人ハ青年学校ヲ設置スルコトヲ得

第五条　青年学校ノ設置廃止ハ道府県立ノ学校ニ在リテハ文部大臣, 其ノ他ノ学校ニ在リテハ地方長官ノ認可ヲ受クベシ

青年学校ノ設置廃止ニ関スル規則ハ文部大臣之ヲ定ム

第六条　青年学校ニ普通科本科ヲ置ク但シ土地ノ情況ニ依リ普通科又ハ本科ノミヲ置クコトヲ得

青年学校ニハ研究科ヲ置クコトヲ得

第七条　普通科ノ教授及訓練期間ハ二年トス

本科ノ教授及訓練期間ハ男子ニ在リテハ五年, 女子ニ在リテハ三年トス但シ土地ノ情況ニ依リ男子ニ在リテハ四年, 女子ニ在リテハ二年ト為スコトヲ得

研究科ノ教授及訓練期間ハ一年以上トス

第八条　普通科ニ入学スルコトヲ得ル者ハ尋常小学校卒業者又ハ之ニ相当スル素養アル者トス

本科ニ入学スルコトヲ得ル者ハ普通科修了者, 高等小学校卒業者又ハ之ニ相当スル素養アル者トス

研究科ニ入学スルコトヲ得ル者ハ本科卒業者又ハ之ニ相当スル素養アル者トス

第九条　普通科ノ教授及訓練科目ハ男子ニ在リテハ修身及公民科, 普通学科,

職業科並ニ体操科トシ女子ニ在リテハ修身及公民科，普通学科，職業科，家事裁縫科並ニ体操科トス

本科ノ教授及訓練科目ハ男子ニ在リテハ修身及公民科，普通学科，職業科並ニ教練科トシ女子ニ在リテハ修身及公民科，普通学科，職業科，家事及裁縫科並ニ体操科トス

研究科ノ教授及訓練科目ハ本科ノ教授及訓練科目ニ就キ適宜之ヲ定ムベシ但シ修身及公民科ハ之ヲ欠クコトヲ得ズ

教授及訓練科目ノ程度ハ文部大臣之ヲ定ム

第十条　青年学校ニハ特別ノ事項ヲ修得セシムル為専修科ヲ置クコトヲ得

　　　　専修科ニ関スル規則ハ文部大臣之ヲ定ム

第十一条　青年学校ニハ相当員数ノ専任教員ヲ置クベシ

第十二条　青年学校ノ教員ノ資格ニ関スル規則ハ文部大臣之ヲ定ム

第十三条　青年学校ノ設備ニ関スル規則ハ文部大臣之ヲ定ム

第十四条　青年学校ニ於テハ授業料ヲ徴収スルコトヲ得ズ但シ道府県立ノ学校ニ在リテ文部大臣，其ノ他ノ学校ニ在リテ地方長官ノ認可ヲ受ケタル場合ハ此ノ限ニ在ラズ

第十五条　本令ニ依ラザル学校ハ青年学校ト称スルコトヲ得ズ

　　附　則

本令ハ公布ノ日ヨリ之ヲ施行ス

青年学校ノ本科ノ教授及訓練期間ハ土地ノ情況ニ依リ道府県立ノ学校ニ在リテハ文部大臣，其ノ他ノ学校ニ在リテハ地方長官ノ認可ヲ受ケ当分ノ内之ヲ男子ニ在リテハ二年又ハ三年ト為スコトヲ得

青年学校ノ専任教員ハ道府県立ノ学校ニ在リテハ文部大臣，其ノ他ノ学校ニ在リテハ地方長官ノ認可ヲ受ケ当分ノ内之ヲ置カザルコトヲ得

本令施行ノ際現ニ存スル公立ノ実業補習学校及青年訓練所ハ之ヲ本令ニ依リ設置シタル青年学校ト看做ス

前項ノ青年学校ニシテ本令ニ依リ難キモノハ本令施行後六月ヲ限リ仍従前ノ実

業補習学校及青年訓練所ノ例ニ依リ教育ヲ為スコトヲ得

2．青年学校規程
（文部省令第4号，1935【昭和10】年4月1日公布）

青年学校規程

第一条　青年学校ノ設置ニ就キ認可ヲ受ケントスルトキハ左ノ事項ヲ具シ道府県立ノ学校ニ在リテハ文部大臣ニ，其ノ他ノ学校ニ在リテハ地方長官ニ申請スベシ

　　一　名称
　　二　位置
　　三　学則
　　四　生徒概数
　　五　開校年月
　　六　経費及維持ノ方法

　　前項第一号，第二号及第五号ノ変更ハ道府県立ノ学校ニ在リテハ文部大臣，其ノ他ノ学校ニ在リテハ地方長官ノ認可ヲ受クベシ

　　第一項第二号の位置ニ関スル申請ニハ校地ノ面積，校舎其ノ他ノ建物ノ配置及附近ノ情況ヲ記載シタル図面ヲ添付スベシ

第二条　青年学校ノ廃止ニ就キ認可ヲ受ケントスルトキハ其ノ事由及生徒ノ処分方法ヲ具シ道府県立ノ学校ニ在リテハ文部大臣ニ，其ノ他ノ学校ニ在リテハ地方長官ニ申請スベシ

第三条　青年学校ノ設置者ヲ変更セントスルトキハ第一条第一項第一号乃至第四号及第六号ノ事項並ニ変更ノ事由ヲ具シ道府県立ノ学校ニ関スル場合ニ在リテハ文部大臣，其ノ他ノ学校ニ関スル場合ニ在リテハ地方長官ノ認可ヲ受クベシ

第四条　青年学校ニ於テハ校地，校舎，体操場及校具ヲ備フベシ

第五条　位置ノ変更ニアラザル校地ノ変更並ニ校舎其ノ他ノ建物ノ建設又ハ変更ハ道府県立ノ学校ニ在リテハ図面ヲ具シ文部大臣ニ開申シ其ノ他ノ

学校ニ在リテハ図面ヲ具シ地方長官ノ認可ヲ受クベシ
第六条　青年学校ハ学校，試験場，講習所等ニ併設スルコトヲ得
第七条　青年学校ニハ土地ノ情況ニ依リ分教場ヲ設クルコトヲ得
第八条　普通科ノ各年ニ於ケル各教授及訓練科目ノ教授及訓練時数ハ男子ニ在リテハ第一号表，女子ニ在リテハ第二号表ノ時数以上ニ於テ土地ノ情況ニ依リ適宜之ヲ定ムベシ

第一号表

	第 一 年	第 二 年
修身及公民科	二〇	二〇
普 通 学 科	九〇	九〇
職 業 科	六〇	六〇
体 操 科	四〇	四〇
合　　　計	二一〇	二一〇

第二号表

	第 一 年	第 二 年
修身及公民科	二〇	二〇
普 通 学 科	八〇	八〇
職 業 科　　　　家事及裁縫科	八〇	八〇
体 操 科	三〇	三〇
合　　　計	二一〇	二一〇

本科ノ各年ニ於ケル各教授及訓練科目ノ教授及訓練時数ハ男子ニ在リテハ第三号表，女子ニ在リテハ第四号表ノ時数以上ニ於テ土地ノ情況ニ依リ適宜之ヲ定ムベシ但シ男子ニ於テ教授及訓練期間ヲ四年ト為シタル場合ニ在リテハ第三号表ノ第一年乃至第四年，女子ニ於テ教授及訓練期間ヲ二年ト為シタル場合ニ在リテハ第四号表ノ第一年及第二年ノ時数以上トス

第三号表

	第一年	第二年	第三年	第四年	第五年
修身及公民科	二〇	二〇	二〇	二〇	二〇
普通学科	五〇	五〇	九〇	九〇	九〇
職業科	七〇	七〇			
教練科	七〇	七〇	七〇	七〇	七〇
合計	二一〇	二一〇	一八〇	一八〇	一八〇

第四号表

	第一年	第二年	第三年
修身及公民科	二〇	二〇	二〇
普通学科	五〇	五〇	五〇
職業科	一一〇	一一〇	一一〇
家事及裁縫科			
体操科	三〇	三〇	三〇
合計	二一〇	二一〇	二一〇

　　　　研究科ノ各年ニ於ケル各教授及訓練科目ノ教授及訓練時数ハ土地ノ情況ニ依リ適宜之ヲ定ムベシ
第九条　青年学校ノ専修科ノ教授及訓練期間，入学資格，専修項目其ノ他必要ナル事項ハ土地ノ情況ニ依リ適宜之ヲ定ムベシ
　　　　専修科ニ於テハ専修項目ノ外修身及公民科ヲ課スベシ
第十条　青年学校ノ教授及訓練ハ土地ノ情況ニ応ジ適当ナル時刻及季節ニ於テ之ヲ行フベシ
第十一条　青年学校ノ入学期ハ毎年四月トス但シ特別ノ事情アル者ハ中途之ヲ入学セシムルコトヲ得
第十二条　特別ノ事情アル者ハ其ノ年齢及素養ニ応ジ之ヲ普通科第二年又ハ本科若ハ研究科ノ第二年以上ニ入学セシムルコトヲ得
第十三条　他ノ青年学校ノ生徒ニシテ転学ヲ志望スルモノアルトキハ之ヲ相当科ノ相当年ニ入学セシムルコトヲ得

第十四条　学校長ハ生徒ニシテ特別ノ事由ニ依リ一時他ノ青年学校ニ於テ教授及訓練ヲ受クルコトヲ志望スルモノアルトキハ其ノ期間其ノ生徒ノ教授訓練ヲ他ノ青年学校ニ委託スルコトヲ得

第十五条　学校長ハ普通科ノ課程ヲ修了シタル者ニハ修了證，本科ノ課程ヲ修了シタル者ニハ卒業證ヲ授与スベシ

第十六条　公立青年学校ニハ生徒ノ教育ヲ担任セシムル為指導員ヲ置クコトヲ得

　　指導員ハ地方長官之ヲ嘱託ス

　　指導員ニハ手当ヲ給スルコトヲ得

第十七条　青年学校ノ学則ニハ左ノ事項ヲ規定スベシ

　　一　科並ニ教授及訓練期間ニ関スル事項
　　二　教授及訓練科目並ニ教授及訓練時数ニ関スル事項
　　三　教授及訓練ノ時刻並ニ季節ニ関スル事項
　　四　課程ノ修了及卒業ノ認定ニ関スル事項
　　五　入学，退学等ニ関スル事項
　　六　其ノ他必要ナル事項

　　前項第一号及第二号ノ変更ハ道府県立ノ学校ニ在リテハ文部大臣，其ノ他ノ学校ニ在リテハ地方長官ノ認可ヲ受ケ第三号乃至第六号ノ変更ハ道府県立ノ学校ニ在リテハ文部大臣ニ，其ノ他ノ学校ニ在リテハ地方長官ニ開申スベシ

第十八条　青年学校ニハ学籍及出席簿ヲ備フベシ

第十九条　青年学校ニ於テハ平素生徒ヲシテ其ノ修学情況ヲ明ニスベキ手帳ヲ所持セシムベシ

第二十条　青年学校ニ於テハ随時講習ヲ為スコトヲ得

　附　則

本令ハ公布ノ日ヨリ之ヲ施行ス

実業補習学校規程及青年訓練所規程ハ之ヲ廃止トス

青年学校令附則第二項ノ青年学校ノ本科ノ各年ニ於ケル教授及訓練時数ハ四百二十時以上トシ各教授及訓練科目ニ付夫々第八条第三号表ノ第一年ノ時数ヲ下ラザルモノトス

3. 青年学校令及青年学校規程制定ノ要目並ニ施行上ノ注意事項

（文部省訓令第2号，1935【昭和10】年4月1日，北海道庁，府県宛）

青年学校令及青年学校規程制定ノ要旨並ニ施行上ノ注意事項

今般勅令第四十一号ヲ以テ青年学校令ヲ制定セラレ文部省令第四号ヲ以テ青年学校規程ヲ制定シタリ蓋シ青年学校制度ノ新設ハ時代ノ趨勢ニ鑑ミ従前ノ実業補習学校及青年訓練所ヲ統合シテ之ヲ単一ノ青年教育機関ト為シ其ノ施設経営ノ努力ヲ一ニ集中シ以テ我ガ国青年教育ノ進展ヲ期セントスル趣旨ニ出ヅルモノナリ今ニ其ノ制定ノ要旨及施行上特ニ注意ヲ要スル事項ノ大要ヲ示サントス

一　青年学校ノ本旨ニ関スル事項

青年学校ハ小学校卒業後直ニ社会ノ実務ニ従事スル男女大衆青年ニ対シテ普ク教育ノ機会ヲ与フルト共ニ青年教育上もっとも重要ナル時期ニ於テ其ノ教養ニ間隙ナカラシメンコトヲ期スルモノニシテ其ノ教育ノ本旨ハ従前ノ実業補習教育及青年訓練ノ特質ヲ融合シテ心身ノ鍛錬及德性ノ涵養ト職業其ノ他実際生活ニ須要ナル知識技能ノ修得トヲ主眼トシテ教授及訓練ヲ為シ以テ健全ナル国民善良ナル公民タルノ素地ヲ育成スルニアリ而シテ此等男女青年ハ概ネ業務ノ余暇ニ於テ修学スルモノトナルニ付学校ノ組織内容ハ通常ノ学校ニ比シテ著シク簡易自由ヲ旨トシ以テ地方ノ情況，青年ノ境遇等ニ適応セシムルモノトス

二　学校ノ設置ニ関スル事項

青年学校ヲ設置スルコトヲ得ルハ北海道府県，市町村，市町村学校組合及町村学校組合等ノ外商工会議所，農会其ノ他之ニ準ズベキ公共団体及私人トセラレ其ノ設置者ノ範囲極メテ広シ道府県ノ設置スルモノニ在リテハ其ノ組織内容ヲ整備シ施設経営他ノ範トスルニ足ルモノタラシメンコトヲ期スベク市

町村ノ設置スルモノニ対シテハ従前ノ実業補習学校及青年訓練所ノ普及見ルベキモノアリシニ顧ミ一層之ヲ勧奨シ各市町村ニ就キ相当数ノ学校ヲ設置セシメ以テ其ノ区域内ニ於ケル男女青年ノ就学ニ遺憾ナカラシムベク更ニ商工会議所，農会等ノ設置スルモノニ対シテハ産業ト教育トノ密接ナル連繋ヲ期待スベキモノタラシメ私人ノ設置スルモノニ在リテハ青年学校ノ本旨ヲ理解シ且設置維持ノ能力ヲ有スル者ヲシテ適切ナル経営ヲ為サシムベキモノトシ以テ青年教育ノ拡充ヲ期スベシ

三 科ニ関スル事項

青年学校ニハ普通科及本科ヲ置クヲ本則トシ更ニ研究科ヲ置クコトヲ得シムルコトトセラレタリ普通科ハ尋常小学校卒業後中等学校，高等小学校等ニ入学セザル者ヲ収容シ本科ハ普通科修了者，高等小学校卒業者其ノ他中等学校ニ在学セザル一般男女青年ヲ収容スル課程トシ研究科ハ本科卒業者等ニ対シテ努メテ自由ニ学修セシムル課程トス而シテ土地ノ情況ニ依リ本科ヲ欠クコトヲ得シメラルルハ市町村等ノ区域内ニ於テ本科入学該当者ノ僅少ナル場合又ハ本科ヲ置ク学校ノ別ニ存スル場合ノ外都市等ニ於テ高等小学校ニ入学セザル者ノ為普通科ノ課程ノ相当ニ充実シタルモノヲ置ク必要アル場合等ニシテ土地ノ情況ニ依リ普通科ヲ欠クコトヲ得シメラルルハ市町村等ノ区域内ニ於テ普通科入学該当者ノ僅少ナル場合等トスサレバ各学校ニハ普通科及本科ヲ置ク外事情ノ許ス限リ研究科ヲ置カシメ男女青年ヲシテ此等ノ課程ヲ通ジテ其ノ教養ノ充実ヲ期セシムルコトニ力ムベシ尚青年学校ニハ別ニ専修科ヲ附置スルコトヲ得シメラレ短期間主トシテ職業ニ関スル特別ノ事項ヲ修得セシムルコトトナレリ是レ実務ニ従事スル男女青年ニ対シテ簡易ニ職業其ノ他実際生活ニ須要ナル教育ヲ施サントスル趣旨ナルヲ以テ之ニ依リ実技實能ノ修習ニ資セシメンコトヲ要ス

四 教授及訓練期間ニ関スル事項

青年学校ノ教授及訓練期間ハ普通科ハ総テ二年トシ本科ハ男子五年，女子ハ三年ヲ本則トシ土地ノ情況ニ依リ各一年ヲ短縮スルコトヲ得シメ研究科ハ一年以上トセラレタリ而シテ本科ヲ男子四年，女子二年ト為スコトヲ認メラレ

タルハ都市等ニ於テ職業，移動等ノ事情ニ依リ五年又ハ三年ニ亙リテ教育ヲ継続スルヲ困難トスルモノ多キ場合アレバナリ尚男子ノ本科ニ関シテハ従前ノ後期ノ修業年限二年又ハ三年ノ実業補習学校ニシテ課程ノ相当ニ充実シタル青年学校ト為ス場合或ハ課程ノ相当ニ充実シタル青年学校ヲ新設スル場合等ニ於テ今直ニ其ノ教授及訓練期間ヲ五年又ハ四年ト為スコトヲ困難トスル場合ニハ監督官庁ノ認可ヲ受ケテ当分ノ内二年又ハ三年ト為スコトヲ得シメラレタリ而シテ青年学校ニ於テハ男女共ニ其ノ教育上最モ重要ナル時期ニ於テ教育ヲ継続セシムルコトヲ主旨トスルヲ以テ本科ノ教授及訓練期間ヲ短縮シタル場合ニ在リテモ研究科ノ教授及訓練期間ヲ以テ之ヲ補足セシムルコトニカムベシ

五　教授及訓練科目並ニ教授及訓練時数ニ関スル事項

青年学校ノ教授及訓練科目ハ青年教育上須要ナル事項ニ就キ概括的ニ区分セラレタリサレバ各科目ノ内容ニ就キテハ土地ノ情況ニ応ジテ適切ナル事項ヲ選択シ男女青年ノ実際生活ニ有用ナラシメンコトヲ期スベシ各教授及訓練科目ノ要旨ニ関シテハ別ニ之ヲ明ニスベキモ之ガ運用ニ就キテハ青年学校ノ特質ニ鑑ミ徒ニ理論ノミニ偏スルコトナク実際的素養ノ啓培ヲ旨トシ常ニ各科目相互ノ連絡裨補ニカメ且課外ニ於テモ時宜ニ応ジテ適当ナル教養施設ヲ講ジ以テ教育ノ効果ヲシテ完カラシメンコトヲ要ス

教授及訓練時数ニ関シテハ普通科及本科ニ就キテハ各年ニ於テ実施スベキ最低限度ヲ示スコトトシタルモ土地ノ情況ニ依リ適宜之ヲ増加シテ相当ニ精深ノ程度ニ於テモ教育ヲ為スコトヲ得ベキニ付各学校ヲシテ其ノ生徒ノ職業其ノ他ノ事情ヲ斟酌シテ適当ナル標準ヲ定メシメ以テ教育ノ低下ヲ夾スガ如キ虞ナカラシメンコトヲ期スベシ

六　入学ニ関スル事項

青年学校ノ各科ノ入学資格ニ関シテハ普通科ニ在リテハ尋常小学校卒業者，本科ニ在リテハ普通科修了者又ハ高等小学校卒業者，研究科ニ在リテハ本科卒業者トスル外夫々之ニ相当スル素養アル者トセラレタリ是レ青年学校ニ於テハ学歴ノミニ依ルコトナク平素ノ修養ノ効果・社会生活ノ体験等ヲ包含セ

シメタル資質ヲ標準トスルコトヲ適当ト認メラレタルニ由ル更ニ中等学校ノ半途退学者其ノ他特別ノ事情アル者ニ対シテハ其ノ年齢及素養ニ応ジテ青年学校ノ各科ノ相当ニ入学セシムルコトヲ得ルコトトセリサレバ入学資格ニ関シテハ青年学校ノ性質ニ鑑ミ厳格ナル制限ヲ設クルコトナク他ノ諸学校ニ入学セザル男女青年ノ修学ヲ容易ナラシメンコトヲ期スベシ

七　転学並ニ教授及訓練ノ委託ニ関スル事項

　青年学校ノ生徒ニシテ居住所移転等ノ事由ニ依リ他ノ青年学校ニ転学セントスル者アルトキハ学校長ニ於テハ努メテ其ノ手続ヲ簡捷ニ為シ移転先学校ニ於テモ特別ノ事情ナキ限リ之ヲ許可スルコトヲ要スルモノトス

　地方ニ在リテハ青年学校ノ生徒ニシテ出稼等主トシテ生業上ノ理由ニ依リ一時他ノ地方ニ滞留セントスル者アルベク斯クノ如キ場合ニハ学校長ハ生徒ノ志望ニ依リ其ノ期間ニ於ケル教授及訓練ヲ滞留地ノ青年学校ニ委託スルコトヲ得シムルコトトセリ是レ生業ニ依リ教育ノ機会ヲ失ハザラシメントスル趣旨ナルヲ以テ之ガ運用上遺憾ナカラシムベシ

八　教授及訓練ノ季節並ニ時刻ニ関スル事項

　青年学校ノ教授及訓練ハ生徒ノ生業ノ繁閑ヲ考慮シ土地ノ情況ニ応ジテ適当ナル季節ニ於テ之ヲ行フコトトセリト雖モ生徒ヲシテ各教授及訓練期間ヲ通ジ持続シテ教授及訓練ヲ受ケシムルコトハ極メテ有効ナルヲ以テ全課程ヲ一時ニ圧縮シテ授クルガ如キコトナキヲ要ス

　教授及訓練ノ時刻ニ関シテハ生徒ノ境遇等ニ応ジ適当ナル時刻ヲ選ビテ之ヲ定メシメ以テ其ノ出席ヲ容易ナラシムルコトニ留意スベシ

九　課程ノ修了及卒業等ニ関スル事項

　青年学校ニ於テハ学校ノ性質ニ鑑ミ必ズシモ厳格ナル学年制ヲ執ルコトヲ要セズ各科ノ全教授及訓練期間ニ就キテ修了ヲ認ムルヲ適当トスルヲ以テ普通科ノ課程ヲ修了シタル者ニハ修了証、本科ノ課程ヲ修了シタル者ニハ卒業証ヲ授与スルコトトセリ尚青年学校ノ本科又ハ本科及研究科ニ在学シテ一定ノ課程ヲ修得シタル男子ニ対シテハ其ノ教授及訓練ノ成果ニ対シテ在営期間ノ短縮ヲ認メラルルコトトナレリ

元来青年学校ノ生徒ニ於テハ職業関係其ノ他ノ事情ニ依リ教育ノ継続ヲ妨ゲラルルガ如キコト尠シトセザルヲ以テ常ニ生徒ノ自覚ヲ促シ自ラ進ンデ修学スル風ヲ馴致スルト共ニ父兄，雇用主等ノ協力ニ俟チテ其ノ課程ヲ修了セシムルヤウ特ニ勧奨ニ力ムベシ

十　専任教員等ニ関スル事項

青年学校ニ於テハ相当員数ノ専任教員ヲ置クヲ要スルコトトセラレ当分ノ内監督官庁ノ認可ヲ受ケテ之ヲ置カザルコトヲ認メラレタリ蓋シ青年学校ニ於ケル教育ノ振作ハ常時生徒ノ訓育ニ専心スベキ教員ノ人格及努力ニ俟ツ所もっとも多シ仍テ各学校ニ就キ之ガ設置ヲ督励センコトヲ要ス

教員ノ資格ニ関シテハ別ニ青年学校教員資格規程ヲ以テ之ヲ定メ職業等ニ関スル特別ノ素養アル者ヲ採用スルコトヲ得シメタルモ教練科ノ指導ニ関シテハ主トシテ当該市町村ノ在郷軍人等ヲシテ之ニ当ラシムルコトヲ期待スルモノナリ而シテ教員ノ採用ニ関シテハ真ニ青年指導ノ重任ヲ嘱シ得ベキ人物ヲ選ブコトニ留意スベシ

十一　設備ニ関スル事項

青年学校ノ設備ニ関シテハ校地，校舎其ノ他必要ナル設備ヲ為サシメ且他ノ学校等ニ併設シ得ルコトトセリ而シテ学校ノ性質ニ鑑ミ其ノ設備ハ比較的簡易ナルベキモ其ノ教育ノ実績ヲ挙ゲンガ為ニハ相当ノ設備ヲ必要トスルヲ以テ一般ニ之ガ整備ニ力メシムルト共ニ他ノ学校等ニ併設シタル場合ニ於テモ少クトモ専用教室ヲ備ヘシムルコトトシ更ニ職業科等ノ教授及訓練ニ関シテハ実験実習ヲ必要トスルガ故ニ実習場等ノ適当ナル設備ヲ為サシムベシ尚夜間ニ於テ教授及訓練ヲ行フモノニ在リテハ照明等ノ設備ニ留意セシメ教育上及衛生上支障ナカラシメンコトヲ期スベシ

十二　学籍簿等ニ関スル事項

青年学校ニ学籍簿及出席簿ヲ備付ケシメ生徒各自ニ青年学校手帳ヲ所持セシムルコトトシタルハ特ニ平素ノ教授及訓練ヲ督励シ其ノ功程ヲ明ニセシムルコトヲ期シタルニ由ルサレバ之ニ関スル事務ハ此ノ趣旨ニ対シテ遺漏ナカラシメンコトヲ期スベシ

十三　青年学校ニ於ケル社会教育施設ニ関スル事項

　青年学校ニ於テハ其ノ学校ノ生徒ニ対スル教育ノ外進ンデ当該学校卒業者其ノ他一般市町村民ニ対シテ随時講習ヲ為スコトヲ得シムルコトトセリ斯ノ種施設ハ公衆ノ教養ニ資スル所尠カラザルヲ以テ各青年学校ニ於テハ其ノ施設経営上常ニ一般ノ教育教化ニ意ヲ致シ以テ地方ニ於ケル社会教育ノ中枢タランコトヲ期セシムベシ

十四　青年団体等トノ関係ニ関スル事項

　市町村ニ於ケル青年学校ノ発達ハ市町村当局ノ努力，市町村内各種団体トノ連繫其ノ他一般市町村民ノ後援等ニ俟ツ所尠カラズ殊ニ青年学校ト青年団体トノ関係ニ就キテハ青年学校ノ生徒ハ概ネ男女青年団員タルベキヲ以テ青年学校ハ青年団体ノ重要ナル教養機関トシテ相互ノ連絡ヲ密接ナラシメ以テ両者ノ調和的発達ヲ期スベシ更ニ教練科ノ指導ハ主トシテ在郷軍人ガ之ニ当ル関係上在郷軍人会トノ連絡提携ニ留意スベシ

　以上ハ青年学校令及青年学校規程ノ施行上必要ナル事項ヲ挙示シタルモノナリ地方長官ハ克ク此ノ趣旨ヲ体シ指導監督其ノ宜シキヲ制シ以テ我ガ国青年教育ノ振興ヲ図リ其ノ実効ヲ挙グルニ於テ遺憾ナカランコトヲ期スベシ

4．青年学校ニ関スル件

　（発社86号，1935【昭和10】年4月1日，各地方長官宛，社会教育局長）
今般制定相成タル青年学校令及青年学校規程ノ運用ニ就テハ左記各事項御了知ノ上御取扱相成度此段依命通牒ス

青年学校ニ関スル件

一　道府県ニ於ケル青年学校ノ事務ニ関スル事項

　青年学校ハ実務ニ従事スル男女青年ヲ対象トシ通常ノ学校ニ比シ極メテ簡易自由ナル組織ヲ有スル社会教育的機関ナルヲ以テ道府県ニ於ケル青年学校ニ関スル事務ハ之ヲ社会教育ニ関スル事務トシテ取扱フコト但シ青年学校ハ小学校其ノ他ノ学校ト密接ナル関係ヲ有スベキヲ以テ青年学校ニ対スル指導監督ト小学校其ノ他学校ニ対スル指導監督トハ十分連繫ヲ保チ其ノ指導監督ノ

事務ニ従事スル者ハ相互ニ之ヲ兼ネシムル等ノ方法ヲ講ズルコト
二 学校ノ名称ニ関スル事項
　(一) 青年学校令ニ依ル学校ハ必ズ「青年学校」ノ文字ヲ附スルコト
　(二) 公立青年学校ニ在リテハ其ノ設置者名ヲ，私立青年学校ニ在リテハ「私立」ノ文字ヲ冠スルコト
　(三) 名称ノ例
　　　何市町村立（又ハ何市町村）農，工，商業青年学校
　　　何市町村立（何）青年学校
　　　何市町村立（何）女子青年学校
　　　公立青年学校何市町村商工専修学校
　　　公立青年学校何市町村実務女学校
　　　私立何青年学校
三 学校ノ設置等ニ関スル事項
　(一) 青年学校ヲ設置スルコトヲ得ル私人ハ個人及営利ヲ目的トセザル私法人（社団又ハ財団）トスルコト
　(二) 学校ノ設置ニ関スル許可ノ申請ニハ市町村学校組合，町村学校組合又ハ町村制ヲ施行セザル地域ニ於ケル之ニ準ズベキモノノ設置ニ係ルモノニ在リテハ組合規約ヲ，商工会議所，農会其ノ他之ニ準ズベキ公共団体（水産会等）ノ設置ニ係ルモノニ在リテハ定款又ハ会則等ヲ，私人ノ設置ニ係ルモノニ在リテハ履歴書，定款又ハ寄附行為ヲ添付セシムルコト
　　　学校ノ設置者ノ変更ノ場合モ亦前項ニ準ジテ之ヲ取扱フコト
四 分教場ニ関スル事項
　(一) 分教場ハ交通，職業等ノ関係上必要アル場合ニ之ヲ設クルコト
　(二) 分教場ヲ設ケタルトキ又ハ之ヲ廃止シタルトキハ其ノ事由ヲ具シ監督官庁ニ開申スルコト
五 課程ノ編制ニ関スル事項
　(一) 一ノ学校ニ於テ本科又ハ研究科ニ就キ教授及訓練期間ヲ異ニスル二以上ノ科ヲ併スルヲ得ルコト

(二)　一ノ科ノ課程ヲ教授及訓練時数，職業科ノ種別等ヲ異ニスル二以上ノ部ニ区分スルヲ得ルコト
六　専修科ニ関スル事項
　(一)　専修科ノ教授及訓練期間ハ概ネ三月以上一年以内トスルコト
　(二)　専修項目ハ珠算，簿記，速記，タイプライター，英語，製図，家具，塗工，園芸，養蚕，手芸，洗染，割烹其ノ他主トシテ職業ニ関スル特別ノ事項トスルコト
　(三)　普通科，本科又ハ研究科ノ生徒ハ同時ニ専修科ノ課程ヲ兼修スルヲ得ルコト
七　入学ノ取扱ニ関スル事項
　(一)　普通科及本科ノ第一年ニ入学スルコトヲ得ル者ノ年齢ハ其ノ年三月三十一日ニ於テ普通科ニ在リテハ十二年以上，本科ニ在リテハ十四年以上トスルコト
　(二)　普通科第二年並ニ本科及研究科ノ第二年以上ノ入学ニ関シテハ年齢ヲ基準トシ其ノ素養ヲ斟酌シテ之ヲ相当年ニ編入スルヲ常例トスルコト
　(三)　男子ニ就キ中学校，該当小学校卒業程度ヲ入学資格トスル修業年限五年ノ実業学校又ハ之ト同等以上ノ学校ノ各学年修了者又ハ卒業者ヲ青年学校ノ本科及研究科ニ入学セシムル場合ニハ学校長ニ於テ左ノ例ヲ標準トシ其ノ年齢及素養ヲ斟酌シテ適宜之ヲ相当年ニ編入スルヲ得ルコト
　　(イ)　年齢十四年以上十五年未満ノ者ニシテ第二学年ヲ修了シタルモノハ本科第二年
　　(ロ)　年齢十五年以上十六年未満ノ者ニシテ第三学年（高等小学校卒業程度ヲ入学資格トスル学校ニ在リテハ第二学年）ヲ修了シタルモノハ本科ノ第四年又ハ五年
　　(ハ)　学校ヲ卒業シタル者ハ研究科第一年
　　　前項以外ノ学校ノ各学年修了者又ハ卒業者ニ関シテモ其ノ課程ノ程度ニ応ジ前項ノ例ニ準ズルヲ得ルコト
　(四)　女子ニ就キ高等女学校，尋常小学校卒業程度ヲ入学資格トスル修業年限

四年ノ実業学校又ハ之ト同等以上ノ学校ノ各学年修了者又ハ卒業者ヲ青年学校ノ本科及研究科ニ入学セシムル場合ニハ学校長ニ於テ左ノ例ヲ標準トシ其ノ年齢及素養ヲ斟酌シテ適宜之ヲ相当年ニ編入スルヲ得ルコト

(イ) 年齢十四年以上十五年未満ノ者ニシテ第二学年ヲ修了シタルモノハ本科第二年

(ロ) 年齢十五年以上十六年未満ノ者ニシテ第三学年（高等小学校卒業程度ヲ入学資格トスル学校ニ在リテハ第一学年）ヲ修了シタルモノハ本科第三年又ハ研究科第一年

前項以外ノ学校ノ各学年修了者又ハ卒業者ニ関シテモ其ノ課程ノ程度ニ応ジ前項ノ例ニ準ズルヲ得ルコト

八　転学ノ取扱ニ関スルコト

(一) 居住所移転等特別ノ事由ニ依リ他ノ青年学校ニ転学ヲ志望スル生徒アルトキハ学校長ハ其ノ生徒ノ学籍簿ノ寫ヲ移転先学校ニ送付スルコト移転先学校ニ於テハ特別ノ事情アル場合ノ外之ヲ許可スルコト

(二) 転学ノ場合ニハ相当科ノ相当年ニ編入スルヲ常例トスルモ課程ノ程度ノ相違等ノ事情ニ依リ編入ノ年ニ就キ斟酌ヲ加フルヲ得ルコト

九　教授及訓練ノ委託ノ取扱ニ関スル事項

(一) 青年学校ニ於ケル教授及訓練ノ委託ハ生徒ニシテ生業其ノ他已ムヲ得ザル事由ニ依リ他ノ一定地方ニ概ネ一月以上三月迄ノ期間ニ亙リ滞留セントスルモノアル場合ニ之ヲ為スコト

(二) 学校長ハ委託ノ旨ヲ記載シタル書類ヲ滞留地ノ青年学校ノ学校長ニ送付シ且該当生徒ノ青年学校手帳ニ出席情況其ノ他必要ナル事項ヲ記入証明スルコト

(三) 滞留地ノ青年学校ノ学校長ハ特別ノ事情アル場合ノ外承諾ノ旨ヲ記載シタル書類ヲ在籍学校ノ学校長ニ送付シ該当生徒ニ対シテ適宜教授及訓練ヲ為シ委託期間終了シタルトキハ在籍学校ニ生徒ノ出席情況其ノ他必要ナル事項ヲ記載シタル書類ヲ送付シ且該当生徒ノ青年学校手帳ニ出席時数其ノ他必要ナル事項ヲ記入証明スルコト

（四）在籍学校ノ学校長ハ滞留地ノ学校ニ於テ該当生徒ニ為シタル教授及訓練ヲ以テ其ノ学校ニ於テ為シタルモノト看做スコト
十　課程ノ修了及卒業ノ認定等ニ関スル事項
　（一）普通科ノ修了及本科ノ卒業ノ認定ハ全課程ニ就キ出席時数其ノ他平素ノ学修情況ヲ標準トシテ之ヲ為スコト
　（二）普通科又ハ本科ノ各教授及訓練科目ノ出席時数ニ就キ青年学校規程第八条ノ第一号表乃至第四号表ニ示ス各教授及訓練科目ノ教授及訓練時数ノ当該科ニ於ケル総時数（男子本科ニ在リテハ普通学科及職業科ノ時数ハ之ヲ通算ス）ノ概ネ八割ニ達セザル者ニ対シテハ修了又ハ卒業ヲ認メザルコト
　　前項ノ場合中途入学者及転学者ニ関シテハ入学シタル時期ヲ基準トシ其ノ以後ニ配当シタル時数ニ依ルコト
　（三）病気其ノ他已ムヲ得ザル事情ニ依リ所定ノ教授及訓練ヲ受クルコト能ハザル者ニ対シテハ適当ナル時期ニ於テ之ヲ補充スルコト
十一　教科書ノ使用ニ関スル事項
　（一）青年学校ニ於テ教科書ヲ使用スル場合ニハ学校長ヲシテ予メ地方長官ニ開申セシムルコト
　（二）地方長官ニ於テ必要ト認ムルトキハ教科書ノ使用ヲ認可シ又ハ適当ナル教科書ヲ認定スル等ノ方法ヲ講ズルコト
十二　講習
　（一）青年学校ニ於ケル講習ハ青年学校ノ修了者又ハ卒業者ヲ始メ一般公衆ヲ対象トシテ之ヲ行フコト
　（二）講師ハ当該学校ノ教員ノ外学校長ニ於テ嘱託シタル者トスルコト
　（三）講習ノ期間ハ三月以内トスルコト
十三　専任教員ニ関スル事項
　　青年学校ノ専任教員ハ左ニ掲グル者ヲ謂フコト
　　　（イ）公立青年学校ノ専任ノ教諭又ハ助教諭タル者
　　　（ロ）公立青年学校ノ専任ノ学校長ニシテ当該学校ノ教諭又ハ助教諭ニ兼任

セラレタル者
  (ハ) 前二号以外ノ公立私立青年学校教員タル者ニシテ当該学校ノ教員タルコトヲ本務トシ且手当又ハ給料年額四十円以上ヲ受クル者
十四 公立青年学校ノ指導員等ニ関スル事項
  (一) 公立青年学校ノ指導員タル教員ハ地方長官ニ於テ青年学校教員資格規程ニ依リ適当ト認ムル者ニ之ヲ嘱託スルコト
  (二) 教練科ヲ担任セシムル為在郷軍人ニ指導員ヲ嘱託スル場合ニハ成ルベク其ノ在営期間長ク且教育程度高キ者ヨリ之ヲ選定スルコト
  (三) 指導員ノ外特別ノ必要アルトキハ地方長官ハ青年学校教員資格規程ニ依リ適当ト認ムル者ニ公立青年学校ノ教授及訓練ヲ嘱託スルヲ得ルコト
  前項ノ教員ハ之ヲ講師ト称スルコト
十五 私立青年学校ノ学校長及教員ニ関スル事項
  (一) 私立青年学校ニ於テハ学校長ヲ定メテ地方長官ノ認可ヲ受クベキコト（私立学校令第三条）
  (二) 私立青年学校ニ於テ青年学校ノ教員タルコトヲ得ル資格ヲ有スル者ヲ採用スル場合ニハ地方長官ニ之ヲ開申セシムルコト
  私立青年学校ニ於テ青年学校ノ教員タルコトヲ得ル資格ヲ有セザル者ヲ教員トシテ採用スル場合ニハ地方長官ノ認可ヲ受ケシムルコト（青年学校教員資格規程第四条）
  前項ノ認可ハ当該学校在職間有効ナルコト
  (三) 私立青年学校ノ教員ノ名称ハ公立青年学校ニ準ジ教諭，助教諭，指導員等ノ名称ヲ使用セシムルコト
十六 学校医ニ関スル事項
  青年学校ニハ特別ノ事情アル場合ノ外学校医ヲ置キ学校衛生ニ関スル職務ニ従事セシメ特ニ毎年生徒ノ身体検査ヲ行ハシムルコト
十七 修了証及卒業証ノ様式ニ関スル事項
  普通科ノ修了証第一号様式，本科ノ卒業証ハ第二号様式ニ依ラシムルコト
  （筆者注：第一号様式及び第二号様式を省略）

十八　学籍簿及出席簿ノ取扱ニ関スル事項
　㈠　学籍簿ハ文部省告示ヲ以テ定メタル様式ニ従ヒテ之ヲ調製セシメ出席簿ハ適宜之ヲ調製セシムルコト
　㈡　学籍簿及出席簿ハ爾後修了，卒業時ノ証明又ハ在営期間短縮ニ必要ナル課程ノ修得ノ程度ノ証明等ニ関スル原簿トシテ重要ナルヲ以テ相当ノ期間之ヲ保存セシムルコト
　　　青年学校ヲ廃止シタル場合ニ於ケル学籍簿及出席簿ノ保存ニ関シテハ地方長官ニ於テ適宜之ヲ定ムルコト
十九　青年学校手帳ニ関スル事項
　　青年学校手帳ハ文部省告示ヲ以テ定メタル様式ニ従ヒテ各地方官庁，市町村役場又ハ青年学校等ニ於テ適宜ノ方法ニ調製交付ノ便ヲ図ルコト
二十　私立青年学校ヨリ地方長官ニ提出スル文書ノ取扱ニ関スル事項
　　私立青年学校ヨリ地方長官ニ提出スベキ書類ハ当該学校所在地ノ市町村長ヲ経由セシムルコト

5. 青年学校ニ関スル庁府県令等報告方ノ件

　　　（発社94号，1935【昭和10】年4月15日，各地方長官宛，社会教育局長）
　　青年学校ニ関スル庁府県令等報告方ノ件
学事ニ関スル庁府県令訓令ハ明治十九年文部省第二十号ノ規定ニ依リ公布ノ都度之ヲ報告セラルヘキ次第ノ諸青年学校ニ関シテ今後庁府県令訓令ノ外庁府県規則，告示，通牒（例規）等ヲ本省ニ報告相成様致度此段通牒ス

6. 学校教授及訓練科目要旨

　　　（文部省訓令第19号，1935【昭和10】年8月21日，北海道庁，府県宛）
　　青年学校教授及訓練科目要旨左ノ通定ム地方長官ハ青年学校ヲシテ本要旨ニ準拠シテ土地ノ情況ニ適切ナル教授及訓練ヲ為シ以テ青年学校令第一条ノ本旨ヲ達成セシメンコトヲ期スベシ
　　青年学校教授及訓練科目要旨

青年学校ニ於テハ常ニ教育ニ関スル勅語ノ旨趣ヲ体シテ生徒ヲ教養シ特ニ左ノ事項ニ留意シテ教授及訓練ヲ為スベシ
一　忠君愛国ノ大儀ヲ明ニシ献身奉公ノ心操ヲ確立スルコトニ力ムベシ
二　青年期ノ特性ニ鑑ミテ向上ノ精神ト濶達ナル気風トヲ助長シ情操ヲ豊ニシ健全ナル生活ノ自覚ニ導クベシ
三　鍛錬ヲ旨トシ鞏固ナル意志ト強健ナル身体トヲ育成スベシ
四　創造ヲ尚ビ勤労ヲ楽ミ生業ニ励ムノ習慣ヲ養フベシ
五　各教授及訓練科目ヲ相互ニ連絡補益セシメ実際生活ニ即シテ知能ヲ啓発スベシ

　修身及公民科

修身及公民科ハ教育ニ関スル勅語ノ旨趣ニ基キテ徳性ヲ涵養シ公共生活ヲ完ウスルニ足ルベキ性格ヲ養成シ殊ニ我ガ国体ノ本義ト立憲自治ノ精神トヲ体得セシムルヲ以テ要旨トス

修身及公民科ハ道徳ノ要領並ニ日常生活ニ適切ナル法則上，経済上及社会上ノ事項ヲ授ケ尚女子ニ在リテハ特ニ婦徳ノ涵養ニ資スベキ事項ヲ加フベシ

　　注　意

　　　一　修身及公民科ニ於テハ生徒ノ年齢，境遇及男女ノ特性ヲ考慮シテ其ノ実際生活ニ適切ナル事項ヲ授ケ実践躬行ニ導クベシ
　　　二　国民ノ記念スベキ日，忠良賢哲ノ記念日及教訓ニ資スベキ事件ノ生ジタル時等ニ於テハ之ニ因ミテ適宜教訓スベシ
　　　三　時事ヲ取扱フ場合ニ於テハ穏健中正ヲ期シ之ニ対スル正シキ批判力ヲ養フコトニ力ムベシ

　普通学科

普通学科ハ日常生活ニ須要ナル普通ノ知識技能ヲ増進シ一般的教養ヲ高ムルヲ以テ要旨トス

普通学科ハ国語及国史ニ関スル事項ヲ授クルノ外地理，数学，理科，音楽等ニ関スル事項ニ就キ土地ノ情況ニ応ジテ適宜之ヲ授クベシ

　　注　意

一　普通学科ニ於テハ成ルベク各事項ヲ生活ニ関連セシメ且各事項ノ総合
　　　　ニ留意シテ之ヲ授クベシ
　　二　国語，国史，地理等ニ関スル事項ハ特ニ修身及公民科トノ連絡ヲ保チ
　　　　我ガ国体，国民文化ノ特質及国勢ヲ詳ニシ進ンデ東西文化ノ発展ト国
　　　　際情勢トヲ知ラシメ国民精神ヲ涵養スルコトニ留意シテ之ヲ授クベシ
　　三　国語，数学，地理，理科等ニ関スル事項ハ特ニ職業科トノ連絡ヲ保チ
　　　　日常生活ニ適切ナラシムルコトニ留意シテ之ヲ授クベシ
　　四　音楽ニ関スル事項ハ高雅ナル情操ヲ養ヒ国民精神ノ涵養ニ資スベキモ
　　　　ノヲ選ビテ之ヲ授クベシ
　職業科
職業科ハ職業ニ須要ナル知識技能ヲ修練セシメ兼ネテ職業生活ノ社会的意義ヲ
体得セシムルヲ以テ要旨トス
職業科ハ農業，工業，商業，水産其ノ他職業ノ中ニ就キ土地ノ情況ニ適切ナル
事項ヲ授クベシ
　注　意
　　一　職業科ニ於テハ特ニ修身及公民科トノ連絡ヲ保チ職業ヲ通ジテ徳性ヲ
　　　　涵養スルコトニ留意スベシ
　　二　職業科ハ生徒ノ職業生活ノ実際ニ適切ナル事項ニ留意シテ之ヲ授クベ
　　　　シ
　　三　職業科ニ於テハ研究心ヲ養ヒ工夫創作ノ力ヲ陶冶スルコトニ留意スベ
　　　　シ
　　四　職業科ニ於テハ特ニ実験実習ヲ重ンズベシ
　　五　職業科ニ於テハ努メテ地方産業トノ連絡ヲ保チテ随時見学等ヲ為サシ
　　　　ムベシ
　家事及裁縫科
家事及裁縫科ハ家事及裁縫ニ関スル知識技能ヲ修練セシメ兼ネテ堅実ナル家庭
生活ヲ営ムノ能力ヲ得シムルヲ以テ要旨トス
家事及裁縫科ハ家事，裁縫及手芸ニ就キ土地ノ情況ニ応ジテ家庭生活ノ実際ニ

適切ナル事項ヲ授クベシ

　注　意
　　一　家事及裁縫科ハ家庭生活ノ整理ト改善トニ資スルコトニ留意シテ之ヲ授クベシ
　　二　家事及裁縫科ニ於テハ趣味ノ向上ヲ図リ工夫力ヲ練リ節約，利用，清潔，整頓等ノ習慣ヲ養フコトニ力ムベシ
　　三　家事及裁縫科ニ於テハ特ニ実験実習ヲ重ンズベシ

体操科

体操科ハ身体ヲ強健ニシ其ノ動作ヲ軽快敏捷ナラシメ容儀ヲ整ヘ剛毅快活ノ精神ト規律ヲ重ンジ協同ヲ尚ブノ習慣トヲ以テ要旨トス

体操科ハ体操，教練，競技及遊戯等ニ就キ適宜之ヲ授クベシ

　注　意
　　一　体操科ハ生徒ノ身体ノ発育情況及男女ノ特性ヲ考慮シテ之ヲ授クベシ
　　二　体操科ニ於テハ職業等ニ因ル固癖ヲ矯正スルコトニ留意スベシ

教練科

教練科ハ意志ヲ練磨シ身体ヲ鍛錬シ堅忍剛毅ノ精神ト規律ヲ重ンジ協同ヲ尚ブノ習慣トヲ養フヲ以テ要旨トス

教練科ハ教練及体操ヲ授ケ尚土地ノ情況ニ依リ適宜武道及競技ヲ加フベシ

　注　意
　　一　教練科ハ生徒ノ身体ノ発育情況ヲ考慮シテ之ヲ授クベシ
　　二　教練科ニ於テハ職業ニ因ル固癖ヲ矯正スルコトニ留意スベシ
　　三　教練科ニ於テハ教練ノ基本的事項ノ演練ニ力ムベシ

7．青年学校ノ専修科ニ関スル件

　（発社241号，1935【昭和10】年9月27日，各地方長官，社会教育局長）

　青年学校ノ専修科ニ関スル件

簿記ニ関シテハ本年四月一日発社八六号通牒中ニ於テ青年学校ノ普通科，本科又ハ研究科ノ生徒ハ同時ニ専修科ノ課程ヲ兼修スルヲ得ルコトヲ指示致シタル

処右ノ場合当該生徒ニ対シテ普通科，本科又ハ研究科ニ於テ課スル修身及公民科ヲ以テ専修科ニ於テ課スベキ修身及公民科ニ充ツルコトハ差支無之ニ付御了知相成度此段依命通牒ス

8．青年学校手帳ニ関スル件

（官社93号，1935【昭和10】年11月21日，各地方長官，社会教育局長）

青年学校手帳ニ関スル件

今般文部省告示第三百二十五号ヲ以テ青年学校手帳ノ様式相定メラレタル処本件ハ青年学校規程第十九条ノ規定ニ基クモノニ有之其ノ趣旨ハ昭和十年文部省訓令第二号十二中ニ之ヲ指示相成タルモ更ニ陸軍省ト協議ノ上兵役法施行規則第五十二条ノ三ニ規定スル在営期間短縮ニ関スル証明書ニモ充ツルコトニ決定相成タル次第ニ有之又当分ノ内従前ノ青年訓練所手帳ヲ所持スル者ニ就テハ当該手帳ヲ以テ適宜青年学校手帳ニ代用セシムルモ差支無之尚本手帳ノ取扱ニ関シテハ左記事項御了知ノ上御借置相成度之依命通牒ス

　追テ本手帳ニ記入ノ事項ハ将来本人ノ身分等ヲ証明スル資料タルベキヲ以テ卒業又ハ修了後ニ於テモ之ヲ保存セシメ現居住所及職業ノ異動ハ引続キ之ヲ記入セシムル様努メテ御奨励相成度

　記

一，学校長ニ於テ記入スベキ各欄ノ文字ハ之ヲ訂正，挿入又ハ削除ヲ為シタルトキハ各其ノ総時数ヲ巻末備考欄ニ記載セシメ学校長ヲシテ認印セシムルコト

二，兵役法施行令第三十一条第三項ノ規定ニ依リ陸軍大臣ノ定メタル程度ノ課程ヲ修得シタル者ニ対シテハ学校長ヲシテ巻末ノ証明書ニ必要ナル事項ヲ記入証明セシムルコト

三，従前ノ実業補習学校ニ在学シ又ハ青年訓練所ノ訓練ヲ受ケタル者ニ就テハ出席時数欄ニハ其ノ者ノ青年学校（青年学校令附則第四項ノ青年学校ヲ含ム）ニ編入セラレタル以後ニ於テ修メタル時数ヲ記入セシムルコト

四，従前ノ青年訓練手帳ヲ所持スル者ノ在営期間短縮ニ関スル証明書ハ当該手

帳ト青年学校手帳巻末ノ証明書ノ様式ニ準ズル証明書（半紙半截大）トヲ以テ之ニ充ツルヲ得ルコト（青年訓練手帳ノ外青年学校手帳ヲ所持スル者ニ在リテハ青年訓練手帳及青年学校手帳トスルコト）

五，昭和十年六月十日陸軍省告示第二十七号ニ依リ課程修得ノ程度ヲ軽減セラレタル者ニ対シテハ学校長ヲシテ青年学校手帳巻末ノ証明書（従前ノ青年訓練手帳所持スル者ニ就テハ青年学校手帳巻末ノ証明書ノ様式ニ準ズル証明書）ノ一隅ニ当該告示該当条項等（昭和十年陸軍省告示第二十七号第二号第二項ニ依リ修身及公民科何時，普通学科及職業科何時，教練科何時免除等）ヲ記入セシムルコト

9. 私立青年学校ノ設置者ニ関スル件

（発社46号，1937【昭和12】年3月16日，各地方長官，社会教育局長）

私立青年学校ノ設置者ニ関スル件

標記ニ関シテハ昭和十年発社八六号通牒ニ於テ之ヲ指示致シタル処其ノ設置手続ヲ簡捷ナラシムル為其ノ設置者名義ヲ営利法人ト為スコトヲ許容スルコトト相成タルニ付御了知相成度尚本件取扱ニ関シテハ左記事項御留意相成度此段依命通牒ス

記

一，学校ノ名称中ニ「株式会社」等ノ文字ヲ附セシメザルコト
二，学校ノ名称ニ文字ニアラザル記号ヲ附セシメザルコト
　（例）私立青年学校等トセザルコト

10. 實業學校設置ノ件

以下のものが「昭和九年貮月廿四日」付けで,「原案可決」されている。

實業學校設置ノ件

本村昭和九年度ヨリ別紙學則ニ依リ左記實業學校ヲ設置シ四月一日ヨリ開校スルモノトス

　昭和九年二月十九日提出

　　　　乙部村長　佐野勇松
　記
　　　　乙部實業學校

11. 實業學校建設ノ件

　以下のものが「昭和九年貳月廿四日」付けで，「原案可決」されている。
　　　實業學校設置ノ件
　　　昭和九年度ニ於テ實業學校ヲ新築スルモノトス
　　　　昭和九年二月十九日提出
　　　　　　乙部村長　佐野勇松
　理　由
　　　實業教育振興ノ為メ左記ノ通リ實業學校ヲ建築セントス
　記
一，総建坪数
　　　木造トタン葺平家建坪百八十四坪

12. 乙部村立乙部水産学校学則

　「爾志郡乙部村立乙部水産學校學則」である。（※（資料中「……」は読み取り不能であった部分である。また「第四條」表中「同上」は「第一學年」と同じということである。）
　　　爾志郡乙部村立乙部水産學校學則
第一章　　總則
　第一條　本校ハ水産學校規程ニ依リ水産・・・
　　　　　須要ナル教育ヲナスヲ以テ目的トス
　第二條　修業年限ハ二年トス
　第三條　生徒ノ定員ハ百五十人トス　但シ研究生徒
　　　　　ノ員数ハ定員外トス
第二章　　學科課程及毎週授業時数

	毎週時数	第 一 學 年	毎週時数	第 二 學 年
修身及公民科	二	道徳ノ要旨，作法及公民ノ常識	二	同　上
國　　語	五	講讀，習字，作文，文法	五	同　上
英　　語	一	讀方，解釋，書取	一	同　上
數　　學	五	算術，代数，珠算	五	代数，幾何，珠算
地 理 歴 史	二	日本地理及日本歴史ノ大要	二	外國地理及外國歴史ノ大要
物 理 化 學	一	物理ノ大要	一	化學ノ大要
博　　物	二	水産動物	二	水産植物
氣　　象	一	氣象大要	一	同　上
水 産 通 論	五	漁撈，製造，養殖	五	同　上
海　　洋	一	海　洋	一	同　上
簿　　記	一	簿　記	一	同　上
圖畫及唱歌	一	圖画及唱歌	一	同　上
体　　操	三	体操，教練，武道	三	同　上
計	三〇		三〇	
實　　習	不定時		不定時	

實習ハ休業日ト雖モ之ヲ課スルコトアルベシ

第四條　各學年ノ學科課程及毎週教授時数左ノ如シ

第三章　學年學期及休業日

　第五條　學年ハ四月一日ニ始マリ翌年三月三十一日ニ終ル

　第六條　學年ヲ別チテ左ノ三學期トス

　　第一學期　四月一日ヨリ八月三十一日迄

　　第二學期　九月一日ヨリ十二月三十一日迄

　　第三學期　一月一日ヨリ三月三十一日迄

　第七條　休業日ヲ定ムルコト左ノ如シ

　　一　祝日大祭日及日曜日

　　一　夏季休業　　　　八月一日ヨリ同月三十一日迄　三十一日

　　一　冬季休業　　　　十二月二十九日ヨリ翌年一月十五日迄　十八日

一　學期末休業　　三月二十二日ヨリ同月三十一日迄　十日
　一　札幌神社祭　　六月十五日　　　　　一日
　一　開校記念日　　　　　　　　　　　　一日
　一　郷土乙部神社祭　八月十五日　　　　一日
　　前項ノ外學校長ニ於テ必要ト認メタル時ハ北海道廳
　　長官ノ認可ヲ受ケ臨時休業ヲ為スコトヲ得
　　學校長ニ於テ必要ト認メタルトキハ北海道廳長官ノ
　　認可ヲ受ケ夏季休業ノ一部ヲ冬季休業ニ變更シ
　　又ハ七日以内夏季休業ヲ短縮シ學年始メニ休業スルコトヲ得
　第八條　一月一日，紀元節，天長節，明治節及開校記
　　　　　念日ニハ職員生徒學校ニ參集シテ祝賀ノ式ヲ行フベシ
第四章　入學，退學及び休學
　第九條　生徒ヲ入學セシムベキ時期ハ學年ノ始メトス
　　　　　但シ缺員アルトキハ臨時入學ヲ許スコトアルベシ
　第十條　入學ヲ許可スベキモノハ身体健全品行方正且
　　　　　將来水産業ニ從事スル者ニシテ左ノ各號ノ一ニ該當スルヲ要
　　　　　ス
　　一　第一學年ニ入學ヲ許スヘキ者ハ年齢十二年以上ニ
　　　　シテ尋常小學校ヲ卒業シタル者又ハ相當ノ年
　　　　齢ニ達シ尋常小學校卒業ノ程度ニ於テ國語
　　　　算術及理科ニ就キ其ノ學力ヲ検定シ合格シタル者
　　二　第二學年ニ入學スヘキ者ハ相當年齢ニ達シ前學年
　　　　修了ノ程度ニ於テ其ノ各學科目ニ就キ學力ヲ検
　　　　定シ合格シタル者
　第十一條　入學志願者第一號書式ノ願書ニ第二號
　　　　　　書式ノ履歴書ヲ添ヘ出身小學校ヲ經テ學校長ニ差出
　　　　　　スヘシ
　第十二條　第一學年入學志願者ノ数募集人員ヲ超過スル

トキハ學校長ハ別ニ定メラレタル方法ニ依リ入學者ヲ決
定スヘシ

第十三條　一旦退學シタル生徒ニシテ再入學ヲ願出ツル者
アルトキハ退學當時ノ學年ニ入學ヲ許スコトアルヘシ
他ノ水産學校ノ生徒ニシテ轉學ヲ望ムモノアルトキハ
相當學年ニ編入スルコトヲ得

第十四條　入學ニ許可セラレタル者ハ保証人ヲ定メ第三號
書式ノ誓約書ヲ學校長ニ差出スヘシ

第十五條　生徒ハ濫リニ退學スルコトヲ得ス若シ止ムヲ得
サル事情ニ依リ退學セントスルトキハ其ノ事由ヲ記
シ保証人連署ニテ退學願書ヲ學校長ニ差出スヘシ

第十六條　生徒ニシテ三箇月以上修學シ能ハサルトキハ保証
人連署ノ上其ノ事由ヲ詳具シ學校長ノ許可ヲ得
テ一年以内休學スルコトヲ得

第十七條　學校長ハ左ノ各號ノ一ニ該當スル者ニハ退學ヲ命ス
一，性行不良ニシテ改善ノ見込ナシト認メタル者
二，學力劣等ニシテ成業ノ見込ナシト認メタル者
三，正當ノ事由ナクシテ引續キ一箇月以上缺席シタル者
四，出席常ナラサル者

第五章　課程ノ修了卒業及卒業生指導

第十八條　第一學年ノ課程ノ修了又全科卒業ハ學校
長ニ於テ操行及平素ノ學業成績ヲ考査シ之ヲ定ム

第十九條　學校長ハ所定ノ學科ヲ卒業シタル者ニ
ハ第四號書式ノ卒業證書ヲ授クヘシ

第二十條　學校長ハ本科卒業生ニシテ特ニ水産ニ関スル
事項ヲ研究セムトスル者アルトキハ設備ノ許ス限リ
研究生トシテ在學セシムルコトヲ得
前項ニヨリ六箇月以上在學シタル者ニハ學校長ニ於テ

　　　　　　其ノ成績ヲ考査シ修了證書ヲ授クヘシ
　　第二十一条　學校長ハ適當ノ方法ニ依リ卒業生ヲ指導
　　　　　　スヘシ
第六章　授業料
　　第二十二條　授業料ハ毎月七日マデニ其ノ月分ヲ徴収ス
　　　　　　但シ一月ハ二十日マデトス
　　　　　　授業料ハ別ニ之ヲ定ム
　　第二十三條　授業料ハ缺席又ハ出席停止ノ為減免スル
　　　　　　コトナシ　但シ八月及學校ノ都合ニ依リ全月休業
　　　　　　ノ場合又ハ學校傳染病豫防規程ニ依ル昇校停
　　　　　　止，若クハ學校長ノ許可ヲ得タル休學ニシテ全月ニ
　　　　　　渉ル場合ハ之ヲ徴収セス
　　第二十四條　學校長ハ特別ノ事情アル者ニ限リ北海道
　　　　　　廳長官ノ認可ヲ得テ授業料ノ減免ヲナスコトヲ得
第七章　附則
　　第二十五條　學校長ハ本令施行上必要ナル細則ヲ定
　　　　　　ムルコトヲ得

あとがき

　技術教育及び労働の世界の手ほどきは，普通教育に欠かせないものとしてその推進を図るべきと，ユネスコの勧告が1974年に，さらにその15年後の1989年に同じ主旨の条約が採択された。人間形成に関わる重要な要素として技術教育が国際的にも認知された。しかし，日本における技術教育に関して，教育政策における位置付け，国民の関心の度合いはいずれも高くはない。欧米及び日本の近隣国の義務教育段階における技術教育の実施状況を比較すると，日本が最も時数が少ない。技術教育に関わる者の一人として，技術教育を理解していただくための資料として，多様な角度からの視点の存在も必要ではないかとの思いで調査を開始した。

　主眼としていた技術教育の実施内容に関しては，予想通り資料が乏しく在学していた方々への聞き取り調査に頼らざるを得なかった。電話でうかがい，詳細は面談をと考え電話するが，文明の利器も，昨今の社会事情においては，警戒心から最初から拒否される例が少なからずあった。当然である。聞き取り対象者の年代では，戦没者や既に他界された方が少なからずいた。調査が10年早ければより豊富な報告に成り得たであろう。したがって，各青年学校の実践例は，少人数の，特定の時期の事象に関する記憶に基づいた内容である。これをもって実践例が完全とはもちろん言えない。しかし，実践例は，ほぼ1935年〜1940年における各青年学校の内容である。つまり，男子の青年学校義務化以前であり，充当規程に基づいた「実業補習学校」の延長上にあった各青年学校の技術教育と認められるのではないか。

　一方，青年学校令公布以前の「青年学校」呼称に関しては，予想外のことで，調査を開始して気付き調査研究対象にした。文部省と軍部との軋轢のなかで，青年教育が歪められるのに抵抗した文部省の存在は，現在の社会情勢との懸隔を感じた。

　本書に対する率直なご意見やご批判などを，多くの方から賜ることができれ

ば幸いである。

　最後に，本書の出版を快諾してくださり，数々のご配慮をいただいた学文社社長田中千津子氏，並びに同社の落合絵理氏に深謝申し上げる。

2006年8月

編　者

索引

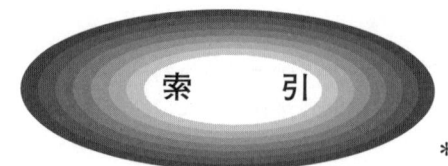

＊：職業科担当者名

あ行

相沼水産青年学校……………125,138
青苗青年学校…………………134,142
厚沢部町…………………………97
厚沢部町史………………………97
朝日農業青年学校……………128,141
網建て法……………………40,140,143
イカ漁………………37,138,140,141,142
＊一戸文男………………………140
泉澤青年学校………………108,115
＊伊藤勝也………………………141
今金町……………………………71
今金町史…………………………72
今金実業青年学校………………72
鰯…………………………………12
イワシ糟加工……………………38
イワシ漁…………………………12,38
岩部青年学校…………………104,113
＊植松正五郎……………………141
臼尻水産青年学校………………26,32,41
鶉農業青年学校…………………98
雲石水産青年学校………………125
＊雲龍吉蔵………………………141
江差町……………………………127
江差実業青年学校……………127,140
江差町史…………………………127
恵山青年学校……………………26,45
恵山町……………………………25
江良町青年学校………………131,142

燕麦………………………………12
沖川青年学校……………………63
大澤青年学校……………………142
大澤村……………………………5
＊大島日出生……………………111
太田水産青年学校………………74
大中山青年学校…………………13
大野実業専修学校………………61
大野青年学校……………………61
大野町……………………………51
大野町史…………………………61
大野農業補習学校………………61
奥尻町……………………………133
小倉山実業青年学校……………60
尾札部青年学校…………………26,42
長万部青年学校………………135,146
長万部町…………………………134
長万部町史………………………134
尾白内青年学校…………………12
落部青年学校……………………9
落部村……………………………5
乙部実業青年学校………………74
乙部水産学校……………………74,87
乙部町……………………………71
乙部町史…………………………74

か行

改正青年学校令…………………28
海図……………………45,79,138,142
貝取澗水産青年学校……………74

索引　187

各月教材配当表‥‥‥‥‥‥8,9
学籍簿‥‥‥‥‥‥‥‥‥9,143
河北実業青年学校‥‥‥‥‥100
釜谷青年学校‥‥‥‥‥‥‥108
上磯青年学校‥‥‥‥‥‥‥64
上磯町‥‥‥‥‥‥‥‥‥‥51
上磯町史‥‥‥‥‥‥‥‥‥63
＊神尾信雄‥‥‥‥‥‥‥‥103
神丘農業青年学校‥‥‥‥‥72
上ノ國実業青年学校‥‥‥100,109
上ノ国町‥‥‥‥‥‥‥‥‥97
上ノ国村史‥‥‥‥‥‥‥‥99
＊河井　広‥‥‥‥‥‥‥‥76
肝油の製造‥‥‥‥‥‥‥‥38
木古内青年学校‥‥‥‥‥‥108
木古内町‥‥‥‥‥‥‥‥‥97
木古内町史‥‥‥‥‥‥‥‥108
北檜山町‥‥‥‥‥‥‥‥‥51
希望寮‥‥‥‥‥‥‥‥‥‥51
木間内農業青年学校‥‥‥‥98
魚糟‥‥‥‥‥‥‥‥‥‥‥144
教授及訓練科目(1935年)‥‥‥3
教授及訓練科目要旨(1935年)‥‥27
教授及訓練科目要目(1938年)‥‥28
教授及訓練科目要目(1941年)‥‥28
漁村青年読本‥‥‥‥‥‥71,88
漁網の製作‥‥‥‥‥‥‥39,41
漁網の設置‥‥‥‥‥‥‥‥40
久遠水産青年学校‥‥‥‥‥74
熊石町‥‥‥‥‥‥‥‥‥‥125
熊石町史‥‥‥‥‥‥‥‥‥125
黒毛米‥‥‥‥‥‥‥‥‥12,150
燻製‥‥‥‥‥‥‥‥‥‥‥41
芸能科‥‥‥‥‥‥‥‥‥‥1
結節の種類（本目，蛙股二重本目，

二重蛙股）‥‥‥‥‥‥‥‥39
研究科‥‥‥‥‥‥‥‥‥‥3
研究科修了證‥‥‥‥‥‥‥80
兼任教員‥‥‥‥‥‥‥‥‥31
講義録‥‥‥‥‥‥‥‥‥‥14
工業‥‥‥‥‥‥‥‥‥‥‥1
工業科‥‥‥‥‥‥‥‥‥‥1
校具台帳‥‥‥‥‥‥‥‥‥9
工作‥‥‥‥‥‥‥‥‥‥‥1
小島村‥‥‥‥‥‥‥‥‥‥5
古武井青年学校‥‥‥‥‥26,36
菰澗水産青年学校‥‥‥‥‥134
コンパス‥‥‥‥‥‥79,138,142
昆布採集‥‥‥‥‥‥‥‥‥37

　　　　さ　行

作業科‥‥‥‥‥‥‥‥‥‥1
＊桜庭康造‥‥‥‥‥‥‥‥142
刺し網漁‥‥‥‥‥‥‥‥‥140
札苅青年学校‥‥‥‥‥‥‥108
砂原町‥‥‥‥‥‥‥‥‥‥25
砂原水産青年学校‥‥‥‥26,46
汐首青年学校‥‥‥‥‥‥‥26
鹿部町‥‥‥‥‥‥‥‥‥‥25
鹿部実業青年学校‥‥‥‥26,39
鹿部実業青年学校学則‥‥‥32
鹿部実業青年学校台帳‥‥32,34
静狩青年学校‥‥‥‥‥‥‥146
指導員‥‥‥‥‥‥‥‥‥‥104
実業科‥‥‥‥‥‥‥‥‥‥1
実業補習学校‥‥‥‥‥1,123,147
島歌水産青年学校‥‥‥‥‥73
＊下間善太郎‥‥‥‥‥‥‥144
修業（證書）台帳‥‥‥‥‥9
縮結（いせ，よせ，かきこみ）‥‥40,151

手工科	1
充当規程	123, 128
小学校教則綱領	1
小学校訓導辞令	139
商業	1, 140, 149
昭和7年案	149
助教	104
助教諭	80, 103
職業科	3
職業観	22
白神青年学校	142
白符青年学校	104
知内青年学校	105
知内町	97
知内町史	105
尻岸内町史	35
私立青年学校	6
尋常中学校実科規程	1
白口浜（白口もの）	37
水産	140, 149
＊須賀　恵	142
助惣鱈	138
＊煤孫鉄郎	76
須築水産青年学校	73
青年学校令	2
青年学校教員養成令	51, 82
青年学校（在学関係記録）手帳	57
青年訓練所	1
青年学校助教諭辞令	139
瀬棚実業青年学校	73
瀬棚町	71
瀬棚町史	73
専科正教員辞令	139
専修科	3
底引き網漁法	37

た　行

大成町	71
第二臨時養成科教育課程	83
＊高野光雄	111
瀧澤実業青年学校	100
瀧廼農業青年学校	98
＊田嶋弥兵衛	62
館農業青年学校	98
谷川青年学校	64
種川農業青年学校	72
タラ漁	37
小砂子水産青年学校	100
中学校教則大綱	1
調査項目	10
通達簿	135
＊葛籠喜久雄	110
綱配野青年学校	104, 113
釣石水産青年学校	133, 142
鶴岡青年学校	108, 115
戸井町	25
大豆	12
大豆カス（豆糟）	76, 144
独立校舎	29
突符実業青年学校	74
椴法華青年学校	26
椴法華村	25
豊田農業青年学校	72
とろろ昆布	41

な　行

中里農業青年学校	72
中ノ川青年学校	106
＊中村一人	77
長磯水産青年学校	74

索引　189

＊能登谷静雄………………138
七飯町……………………13
濁川小学校沿革史…………6
濁川青年学校……………6,12
根武田青年学校……………142
農業……………………1,149
農産加工…………………13

は　行

梅花都水産青年学校………73
延縄漁法……………………37
白菜の栽培…………………76
函館市………………………4
函館市史……………………4
函館市資料集………………6
函館新聞……………………4
発動機船……………………37
発動機読本…………………42
花石農業青年学校…………72
馬場川水産青年学校………73
濱端青年学校…………104,112
早川水産青年学校…………100
馬鈴薯……………………12,60
日浦青年学校………………36
東瀬棚実業青年学校………57
東瀬棚村……………………57
ピタゴラス（三平方）の定理…40
姫川青年学校………………74
平田内水産青年学校………74
開き鱈………………………37
美利河農業青年学校………72
肥料の三要素…………58,76,144
＊福岡貞次郎………………141
福島青年学校…………104,110
福島町………………………97

福島町史……………………104
福山青年学校………………141
福山町………………………5
＊布施満司…………………80
普通科………………………3
北海道教育史………………57
北海道青年學校名簿
　　………74,97,101,106,140,141,149
北海道青年農業教科書……65
北海道青年農業書…………65
北海道庁立青年学校教員養成所…51,82
北海道庁立青年学校教員養成所
　臨時養成科規程…………56,82
北海道庁立青年学校教員養成所
　第一臨時養成科…………56,82
北海道庁立青年学校教員養成所
　第二臨時養成科…………56,82
北海道庁立青年学校水産教員養成所…82
北海道庁立青年学校水産教員養成所
　規程………………………82
北海道庁立実業補習学校教員養成所
　　…………………………51,82
北海道庁立実業補習学校教員養成所
　教育方針…………………53
北海道庁立実業補習学校教員養成所
　教育課程…………………53
補習学校……………………124
ホッケの燻製……………77,79
ホッケの塩蔵………………79
ボルドー液………12,62,109,144
本科…………………………3
本科卒業證…………………79

ま　行

真昆布………………………37

＊松澤幸作……………………143
松前町………………5,129,141
南茅部町………………………25
南茅部町史……………………38
ミリン漬け………………12,140
明和青年学校…………………74
＊村井　繁……………………141
目名農業青年学校……………98
茂辺地青年学校………………64
茂別村…………………………5
森町……………………………6
森町史…………………………6

や 行

薬師水産青年学校…………143
八雲青年学校…………………13
八雲町…………………………7
焼玉エンジン………37,138,142

矢越青年学校……………105,114
八束農業青年学校……………72
山崎青年学校…………………9
＊夕下……………………………58
湯ノ岱農業青年学校………100
湯ノ里青年学校……………106
吉岡青年学校……………104,113
吉岡村…………………………5

ら 行

酪農……………………………13
羅針盤…………………………45

わ 行

涌元農業青年学校…………105
鷲ノ巣農業青年学校…………98
ワシントン軍縮会議…………123

•編著者•

井上　平治
いのうえ　へいじ
1941年生まれ。北海道学芸大学卒業。北海道教育大学教授。北海道寿都町立磯谷小学校教諭を経て現職。
〔著書・論文〕　技術科教育実践講座11巻（ニチブン，1990年共著），教師教育研究の実践と課題（長門出版社，1993年共著），子どもと環境（東京書籍，1994年共著），縄文時代の人々の技術―技術史教育の教材化の視点から―（日本技術史教育学会誌第4巻2002年共著），道南地域における職人技に関する調査研究（第4号），（北海道教育大学紀要第53巻第2号共著）

飯川　大徹
いいかわ　ひろゆき
1976年生まれ。北海道教育大学大学院修了（修士）。北海道八雲町立八雲小学校教諭。

林　博昭
はやし　ひろあき
1978年生まれ。北海道教育大学大学院修了（修士）。北海道帯広市立帯広第三中学校教諭。

安藤　徹
あんどう　とおる
1979年生まれ。北海道教育大学大学院修了（修士）。北海道利尻富士町立利尻小学校教諭。

道南地域の青年学校と技術教育

2006年10月30日　第一版第一刷発行

編著者　井　上　平　治
発行者　田　中　千　津　子
発行所　㈱　学　文　社

〒153-0064　東京都目黒区下目黒3-6-1
電話(03)3715-1501　(代表)　振替 00130-9 98842
http://www.gakubunsha.com

落丁，乱丁本は，本社にてお取り替えします。
定価は，売上カード，カバーに表示してあります。

印刷／東光整版印刷㈱
＜検印省略＞

ISBN 4-7620-1593-8
©2006 INOUE Heiji Printed in Japan